L'ÉCLAIRAGE

AU GAZ A L'EAU A NARBONNE

ET

L'ÉCLAIRAGE AU GAZ LEPRINCE

EXAMINÉS ET COMPARÉS

A L'ÉCLAIRAGE AU GAZ DE HOUILLE ORDINAIRE.

EMPLOI DU GAZ COMME MOYEN DE CHAUFFAGE,

DONNÉES SUR SON PRIX DE REVIENT, ETC.;

PAR

Le Doct. B. VERVER,

CHEVALIER DE L'ORDRE DE LA COURONNE DE CHÊNE, PROFESSEUR DE
CHIMIE ET DE PHYSIQUE A L'ATHÉNÉE ROYAL DE MAESTRICHT.

LIÉGE,

F. RENARD, ÉDITEUR,

Place St. Jacques, 49.

PARIS,　　　　　　　　　　　　　LEIPZIG,

LACROIX & BAUDRY,　　　　CH. GNUSÉ, Comm.

Quai Malaquais, 15.　　　　　pour l'Allemagne.

1859.

DE L'ÉCLAIRAGE AU GAZ.

L'ÉCLAIRAGE

AU GAZ A L'EAU A NARBONNE

ET

L'ÉCLAIRAGE AU GAZ LEPRINCE

EXAMINÉS ET COMPARÉS

A L'ÉCLAIRAGE AU GAZ DE HOUILLE ORDINAIRE.

EMPLOI DU GAZ COMME MOYEN DE CHAUFFAGE,

DONNÉES SUR SON PRIX DE REVIENT, ETC.;

PAR

Le Doct. B. VERVER,

CHEVALIER DE L'ORDRE DE LA COURONNE DE CHÊNE, PROFESSEUR DE CHIMIE
ET DE PHYSIQUE A L'ATHÉNÉE ROYAL DE MAESTRICHT.

LIÉGE,
F. RENARD, ÉDITEUR,
Place St. Jacques, 49.

PARIS, | LEIPZIG,
LACROIX & BAUDRY, | CH. GNUSÉ, Cetanre
Quai Malaquais, 15. | pour l'Allemagne.

1858.

A MONSIEUR

J. J. G. VAN AKEN,

CHEVALIER DE L'ORDRE DU LION NÉERLANDAIS, COMMANDEUR DE L'ORDRE DE
LA COURONNE DE CHÊNE, BOURGMESTRE DE LA VILLE DE MAESTRICHT,
MEMBRE DU CONSEIL PROVINCIAL DU LIMBOURG, ETC. ETC.

DÉDIÉ PAR

L'AUTEUR.

LEIDE. — IMPRIMERIE DE A. W. SYTHOFF.

Il y a quelque temps les délégués d'une société anonyme, établie en France pour la fabrication du gaz à l'eau (gaz hydrogène, gaz platine) vinrent offrir à la régence de Maestricht, d'appliquer à cette ville leurs nouveaux procédés d'éclairage. Au moment où ces Messieurs se présentèrent, le conseil communal s'occupait déjà des préliminaires pour l'érection d'une usine de gaz mixte (gaz Leprince); mais les avantages que l'on attribuait au gaz à l'eau étaient tels, qu'ils devaient, s'ils étaient fondés, faire préférer le système préconisé à tout autre. La régence me fit l'honneur de me prier d'assister à une conférence avec les représentants de la société française. Ensuite de cette séance elle émit le vœu que je me rendisse, avec M. FYLS, échevin de la ville, à Narbonne, dans le midi de la France, où la nouvelle méthode d'éclairage était introduite depuis quelque temps, et où, par conséquent, l'on pouvait étudier sur place cette importante question. J'acceptai de grand cœur la mission qui m'était offerte, tant parce qu'elle était pour moi un témoignage de confiance, que parce qu'elle me fournissait l'occasion, tout en poursuivant un but utile, de satisfaire mon désir d'étudier de près une méthode qui m'avait frappé, mais qui laissait encore des doutes dans mon esprit. Dans les pages suivantes je vais rendre compte du résultat de mon voyage: je communiquerai les observations que j'ai recueillies et les expériences auxquelles je me suis livré sur le gaz à l'eau. Pour rendre mon travail plus complet j'y ajouterai le résumé de mes études sur le gaz mixte, dit gaz Leprince; enfin je comparerai ces deux gaz, soit entre eux, soit avec le gaz ordinaire de houille, et je rattacherai à cette comparaison quelques considérations sur l'emploi du gaz comme moyen de chauffage, et quelques données sur le prix de revient du gaz.

GAZ A L'EAU.

Dans ces dernières années des essais nombreux avaient été faits pour appliquer à l'éclairage le gaz hydrogène extrait de l'eau; mais pendant longtemps ces essais n'avaient pu aboutir au résultat désiré: toujours on s'était trouvé en présence de deux difficultés fort graves, la première de fabriquer l'hydrogène à un prix assez réduit, la seconde d'obtenir un produit suffisamment pur, exempt d'autres gaz, contraires au pouvoir éclairant ou nuisibles à la santé des consommateurs.

La première difficulté parut bientôt avoir été écartée, l'expérience ayant démontré que la décomposition de l'eau, et la mise en liberté de son hydrogène, se font parfaitement quand on la chasse, à l'état de vapeur, sur des couches de charbon de bois incandescent. On obtenait ainsi le gaz hydrogène, du moins on le prétendait, à un prix assez bas pour pouvoir souffrir la concurrence du gaz à la houille. Mais cet hydrogène offrait un autre inconvénient sérieux; l'analyse y avait décélé la présence de 20 à 21 p. % d'oxyde de carbone, gaz qui lui communiquait des propriétés toxiques assez redoutables. Si cette production d'oxyde de carbone ne pouvait être évitée, elle suffisait pour faire bannir le gaz à l'eau, extrait par le charbon incandescent, de la liste des matières applicables à l'éclairage, l'oxyde de carbone ne pouvant être séparé par les moyens d'épuration ordinairement en usage. J'avais fait cette objection dans la conférence à laquelle j'avais pris part avant mon départ pour Narbonne; mais on m'avait assuré que la difficulté était résolue d'une manière très-satisfaisante, et que l'hydrogène obtenu à Narbonne, au moyen du charbon incandescent, ne contenait plus que 4 à 5 p. % d'oxyde de carbone. On avait été conduit à ce résultat important, par la considération théorique que la formation de l'oxyde de carbone n'était pas primitive; qu'elle devait être précédée par celle de l'acide carbonique, qui, en restant quelque temps en contact avec le charbon chauffé au rouge, s'associait un nouvel équivalent de carbone et était réduit à l'état d'oxyde; en ne laissant donc pas le temps à l'acide carbonique de réagir sur le charbon, en le chassant de la cornue aussitôt après sa naissance, on devait rendre à peu près impossible la production de cet oxyde délétère. Quoique je ne pusse partager cette manière de voir, et qu'il me parût impossible d'admettre que dans un cylindre rempli de charbon incandescent, le degré supérieur d'oxydation du carbone se formât d'abord pour être détruit au même instant, le fait n'en est pas moins incontestable, qu'en modifiant le procédé dans le sens indiqué, la proportion d'oxyde de carbone s'est trouvée considérablement réduite. Mais ce fait je l'explique d'une manière différente. D'expériences que je rapporterai plus bas, il faut tirer la conséquence que c'est l'oxyde de carbone qui se forme originairement. Dans un cylindre chauffé au rouge et rempli de charbon, cet oxyde de carbone n'éprouvera aucune altération permanente; lors même qu'une partie serait brûlée par la vapeur d'eau, l'acide carbonique produit se réduirait de nouveau en oxyde, au contact du charbon incandescent. Pour parvenir à enlever le carbone sous forme d'acide carbonique, il faudrait amener la vapeur en quantité suffisante pour brûler complétement l'oxyde de carbone, puis soustraire immédiatement l'acide carbonique à l'action réductrice du charbon. C'est cet effet qu'on a obtenu à Narbonne, en lançant de la vapeur d'eau à haute pression sur la surface du charbon, et en donnant aux tubes éducteurs de l'appareil un diamètre plus grand; les gaz formés sont alors expulsés, aussitôt que produits, par la vapeur sans cesse affluente; l'acide carbonique entraîné rapidement hors de la sphère d'action du charbon, n'est réduit qu'en minime quantité en oxyde de carbone. J'ai eu l'occasion de constater ce fait important. Le gaz que j'ai recueilli à Narbonne, et dont j'ai fait l'analyse dans le laboratoire de la faculté des sciences de Marseille (mis à ma disposition avec une bienveillance rare), n'accusait que 3,45 p. % d'oxyde de carbone, c'est-à-dire beaucoup moins que n'en contiennent le gaz de houille et le gaz mixte, où la proportion s'élève, d'après les analyses de différents chimistes, jusqu'a 12 p. %. — M. PAYEN, qui avait constaté la présence de 14 p. %/_o d'oxyde de carbone dans le gaz platine, avant que les améliorations dont je viens de parler, eussent été introduites, m'a communiqué, pendant mon dernier séjour à Paris, qu'il n'en a plus trouvé que 6 p. %/_o dans le gaz à l'eau de l'usine de Passy, extrait d'après le même procédé. Un chimiste belge, M. VAN DEN BROECK, qui s'était rendu à Narbonne quelque temps avant moi, et avec le même but, n'a trouvé que 3,47 p. %/_o d'oxyde de carbone. Enfin M. M. BARRUEL, DUSSAUX et PRAX ne rencontrèrent ce gaz que dans les proportions de $2\frac{1}{2}$ à 5 %/_o.

Toutes ces analyses démontrent qu'on est parvenu à écarter, d'une manière très-satisfaisante, l'inconvénient que présentait à l'origine le gaz extrait de l'eau par le charbon de bois incandescent : circonstance d'autant plus heureuse que le charbon de bois était peut-être la seule substance *industriellement* applicable. Aujourd'hui le procédé pratiqué à Narbonne fournit un produit contenant une moindre proportion d'oxyde de carbone que tout autre gaz d'éclairage.

La flamme de l'hydrogène n'étant pas éclairante par elle-même, quoique excessivement chaude, on comprend qu'il est nécessaire d'y introduire un corps fixe qui, par son incandescence, lui communique des propriétés éclairantes ; on se sert pour cet usage d'une corbeille en fil de platine mince ; c'est cette corbeille qui, chauffée à blanc par la combustion du gaz, produit la lumière voulue.

La fabrication du gaz, comme elle se pratique actuellement à Narbonne, est très-simple.

La réaction entre le charbon incandescent et la vapeur d'eau se fait dans des cornues en fonte, de qualité supérieure, parce qu'elles doivent être chauffées au rouge-orange. Ces cornues, en forme de berceau, ont une longueur de 1^m,90, une hauteur de 0^m,59 et une largeur à la base de 0^m,33. Dans l'intérieur se trouvent des saillies destinées à supporter des traverses, sur lesquelles sont placés les tubes injecteurs de la vapeur d'eau.

Les têtes des cornues ressemblent à celles qui sont généralement en usage; cependant la tubulure par laquelle le gaz formé doit s'échapper, est plus large qu'à l'ordinaire; elle a un diamètre intérieur de 0^m,145. L'usine de Narbonne ne marche pas encore depuis assez longtemps, pour qu'on puisse indiquer au juste la durée des cornues. On estime cette durée à une année; il va sans dire qu'elle doit dépendre des conditions auxquelles les cornues seront exposées, de la qualité de la fonte, de la construction des fours etc. Les cornues d'un même four sont chauffées par un seul foyer inférieur, la flamme avant de gagner la cheminée, devant circuler par des carneaux. A Narbonne on a des fours de 5, 3 et 2 cornues; l'expérience est venue démontrer que les fours à cinq cornues sont les plus avantageux eu égard au combustible relativement nécessaire pour le chauffage.

La vapeur d'eau, qui doit être chassée sur la surface du charbon incandescent sous une pression de 5$\frac{1}{2}$ à 6 atmosphères, est produite dans une chaudière latérale, placée dans un four spécial et chauffée à la houille. On introduirait une assez grande économie en changeant cette disposition, en sorte que le générateur de la vapeur, au lieu d'être placé dans un four particulier, fût chauffé au moyen de la chaleur perdue du foyer dans lequel se trouvent les cornues. J'ai constaté que la quantité de houille consommée par le générateur pour la production de 400 mètres cubes de gaz, monte à 180 kilogr.; et la houille se payant maintenant à Narbonne à raison de 55 francs les 1000 kilogr., on pourrait, en changeant la disposition actuelle dans le sens indiqué, réaliser une économie de fr. 2,47⁵ par 100 mètr. cub. de gaz.

Dans l'usine de Narbonne se trouvent deux chaudières, placées aux deux extrémités des fours à cornues. La construction même, surtout la disposition des tuyaux qui conduisent la vapeur d'eau aux cornues, laisse encore beaucoup à désirer. La production du gaz sera d'autant plus active que la vapeur entre plus sèche dans les cornues. Or la disposition des tuyaux conducteurs est telle qu'une assez grande quantité de vapeur doit nécessairement se condenser pendant son passage à travers ces conduits.

Le tuyau qui amène la vapeur est relié, à travers le fond de la cornue, avec la partie verticale d'un tube en forme de T, placé à l'intérieur et près de la tête de la cornue. Un robinet permet d'arrêter l'injection de la vapeur pendant qu'on charge les cornues. A la branche horizontale du tube en T sont adaptés, au moyen de vis, deux autres tubes en fer, parallèles entre eux, placés horizontalement sur les traverses dont j'ai parlé plus haut, et fermés par les extrémités postérieures qui touchent presque au fond de la cornue. Ces tubes injecteurs portent à la face inférieure trois séries parallèles de trous, d'un très-petit diamètre, servant au passage de la vapeur. Au commencement ces trous étaient pratiqués dans le métal même des tubes; il en

résultait qu'ils se trouvaient promptement bouchés par
l'oxydation du fer. Aujourd'hui on a heureusement rémé-
dié à cet inconvénient, en donnant aux trous un diamètre
plus grand et y encastrant des capsules de terre réfractaire, percées d'un canal de 0,46 millim. de diamètre.

Grandeur naturelle des capsules

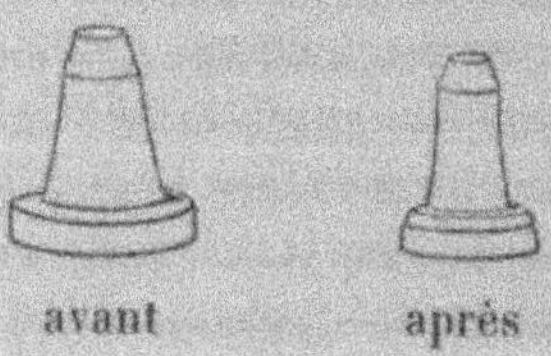

avant   après

la cuisson.

La terre réfractaire n'étant attaquée ni par la chaleur, ni par la vapeur d'eau, l'injection de celle-ci reste
constamment régulière. Les capsules sont au nombre
de 80 à 90. Comme elles sont disposées en trois séries
parallèles, les jets de vapeur qui en sortent sont naturellement divergents et vont lécher, pour ainsi dire
la surface de charbon incandescent. Les dimensions de
ces tubes injecteurs ne sont pas toujours les mêmes; la
longueur varie de $1^m,75$ à $1^m,98$, le diamètre intérieur
de $0^m,024$ à $0^m,025$, l'épaisseur du métal de $0^m,0045$
à $0^m,006$.

Leur extrémité est distante du fond de la cornue de
$0^m,150$. Ils ne doivent pas être en contact avec le charbon, car celui-ci ne tarderait pas à exercer une influence

fâcheuse sur le fer, et d'un autre côté la quantité d'oxyde de carbone irait en augmentant, si la vapeur d'eau pouvait pénétrer profondément dans la couche de charbon.

Le gaz produit par la réaction du charbon sur la vapeur d'eau, après avoir traversé les réfrigérants, vient dans les épurateurs, qui n'ont d'autre fonction que de retenir l'acide carbonique venu avec l'hydrogène.

Ces épurateurs, qui à Narbonne sont au nombre de huit, sont construits de la manière ordinaire; le gaz est épuré par la chaux hydratée, placée sur des cribles en métal.

La quantité de chaux exigée pour la purification d'un volume donné de gaz est très-considérable. La théorie indique que pour chaque kilogramme d'hydrogène onze kilogr. d'acide carbonique ont pris naissance, en supposant toutefois que tout l'oxygène de l'eau ait passé à l'état d'acide carbonique, c'est-à-dire qu'il n'y ait eu aucune formation d'oxyde de carbone. Ces onze kilogr. d'acide carbonique demandent 14 kilogr. de chaux caustique pour leur conversion en carbonate de chaux, soit $1^k,272$ de chaux par kilogr. d'ac. carbonique.

A la température de 0° C. et a $0^m,760$ de pression, 1 kilogr. d'hydrogène représente un volume de $11^{m.\,c.},165$ (les 11 kilogr. d'acide carbonique venus avec le kilogr. d'hydrogène, équivalent à $5^{m.\,c.},604$). Pour obtenir $11^{m.\,c.},163$ d'hydrogène exempt d'acide carbonique, il faut donc 14 kilogr. de chaux vive, soit par mètre cube $1^k,254$.

Telle est la quantité indiquée par la théorie. Dans la pratique il pourrait sembler nécessaire de l'augmenter un peu, dans la crainte qu'il ne restât, à la fin de l'opération, trop peu de chaux caustique pour enlever les dernières traces d'acide carbonique; d'autant plus que la chaux n'étant pas toujours étendue également sur les cribles, il se forme des parcours moins résistants par lesquels le gaz passe plus facilement qu'en d'autres points où la couche de chaux est plus épaisse ou plus tassée. Mais d'un autre côté il se forme toujours, ainsi que l'expérience l'a démontré, quelques p. c. d'oxyde de carbone, ce qui diminue d'autant la proportion d'acide carbonique: en outre la température moyenne annuelle étant supérieure à $0°$ C., le gaz venu sous cloche sera plus léger que celui qui a servi de base au calcul, et aura donc abandonné à volume égal, un poids moindre d'acide carbonique. Cette double circonstance permet de considérer comme suffisante la quantité de chaux donnée par la théorie. La pratique est venue corroborer cette déduction scientifique. Pour obtenir (dans les 24 heures) 800 m. c. de gaz hydrogène, on emploie à Narbonne 1000 kilogr. de chaux; la théorie demande 1003 kilogr. dans l'hypothèse d'une température de $0°$ C. et d'une pression de $0^m,760$.

En supposant que depuis le mois d'avril, où l'usine a commencé à marcher régulièrement, la pression moyenne ait été de $0^m,760$ et la température moyenne de l'atmosphère de $20°$ C., les 800 m. c. n'en représentent que 745 à la température de $0°$ C. La quantité d'acide carbonique produit avec ces 745 m. c. de gaz, ne demande pour être fixée que 934 kilogr. de chaux caustique au lieu de 1003. En employant 1000 kilogr. de chaux pour obtenir 800 m. c. de gaz épuré à $20°$ C., il restera donc 66 kilogr. qui n'auront pas été changés en carbonate. J'ai pu me convaincre d'ailleurs, en analysant le gaz, recueilli à Narbonne sur le dernier épurateur, qu'il ne contenait plus qu'une très-petite quantité d'acide carbonique (0,5 p. c.)

Il résulte de ce que je viens de dire que la quantité de chaux à employer dans une usine à gaz hydrogène est très considérable, et augmente de beaucoup le prix de revient du gaz. Cette quantité surpasse notablement celle qui est demandée pour l'épuration d'un volume égal de gaz de houille. On obtiendra donc de grands amas de carbonate de chaux, mélangé toujours avec plus ou moins de chaux hydratée. Les 1000 kilogr. de chaux saturés d'acide carbonique pèsent 1785 kilogr. Pour éteindre ces 1000 kil. de chaux on a dû employer au moins 521 kil. d'eau; une assez grande quantité de cette eau restera dans le carbonate formé, en sorte qu'on peut évaluer, sans exagération, à 2000 kil. le poids de carbonate de chaux imprégné d'eau, obtenu pour avoir sous cloche 800 m. c. de gaz hydrogène. A Narbonne ces résidus sont vendus, pour servir à la confection des mortiers, à raison de fr. 0,50 les 50 kilogr. L'expérience date de trop peu de temps encore pour qu'on puisse se prononcer sur la valeur réelle d'un tel mortier; il me semble pourtant qu'il n'y a pas grand' chose à en attendre, au moins si nos vues actuelles sur la cause de la solidification des mortiers ne sont pas erronées. Toujours est il qu'à Narbonne, les amas de chaux, venue des épurateurs, étaient déjà assez considérables, quoiqu'on fût au milieu de l'été, saison dans laquelle les constructions se font plus nombreuses qu'à toute autre époque de l'année. Dans d'autres localités cette chaux carbonatée pourra peut-être être employée comme engrais.

L'usine de Narbonne a deux gazomètres. Les cloches en tôle, d'une égale capacité, peuvent contenir 460 mètres cubes chacune; elles ne diffèrent pas de celles qui sont ordinairement en usage.

Les tuyaux dont on s'est servi pour la canalisation sont en tôle de fer, étamés intérieurement; en dehors ils sont recouverts d'une couche épaisse de bitume imprégné de sable.

Avant de nous occuper d'une des parties les plus intéressantes du système, les becs brûleurs avec leurs mêches de platine, jetons un coup-d'oeil rapide sur les détails de la fabrication du gaz.

Lorsque nous étions à Narbonne on ne chauffait qu'un seul four à cinq cornues, qui produisait assez de gaz pour alimenter les becs pendant les soirées d'été. Pour chauffer ce four unique il se trouvait à l'usine un personnel plus que suffisant pour le service de trois; la chaudière aurait aussi pu fournir facilement la vapeur d'eau nécessaire pour les cornues de deux fours. L'usine ne travaillait donc pas avec tout l'avantage qui en pourrait être obtenu. La ville de Narbonne, qui compte 12000 habitants, est éclairée par 214 becs, chez les particuliers on en trouve 150, soit en tout 364 becs, brûlant par jour une quantité de gaz qu'on peut évaluer en moyenne à 650 ou 700 mètres cubes.

Si l'usine devait fournir du gaz pour un nombre double de becs, elle le pourrait aisément avec le même nombre d'ouvriers, et sans que les frais de chauffage de la chaudière fussent augmentés.

Le charbon de bois est chargé dans les cornues au moyen d'une cuiller allongée ou rigole, en tôle de fer, qu'on fait glisser sur les tubes injecteurs. Cette cuiller contient en moyenne 4 à 5 kilogr. de charbon, suivant que celui-ci est plus ou moins compacte. Chaque cornue recevant 3 à 4 de ces cuillers, le chargement peut être évalué à 15 ou 16 kilogr. Les cinq cornues contiennent donc de 75 à 80 kilogr. de charbon de bois. La charge est renouvelée généralement au bout de cinq heures; ce qui en reste après ce laps de temps varie suivant la qualité du charbon, la température, etc. Si l'on chauffait assez longtemps, on ne trouverait dans la cornue que les cendres du charbon. Deux ou trois fois par semaine ces cendres sont enlevées; le chargement des cornues demande donc moins de temps que n'en exige le service des cornues à gaz de houille, celles-ci devant être évacuées chaque fois avant de pouvoir être rechargées. Les cornues sont fermées de la même manière que dans les usines à gaz de houille.

Dans une usine marchant dans les conditions réquises, la quantité d'hydrogène produite sera en raison directe de la quantité de carbone passée à l'état d'acide carbonique. Or la proportion de carbone n'est pas toujours la même dans un même poids de charbon de bois, la quantité de cendres, d'eau hygroscopique etc., pouvant varier beaucoup de l'une à l'autre espèce. C'est surtout sur l'eau contenue dans le charbon qu'il faut fixer l'attention. Plus celui-ci sera sec, plus l'hydrogène sera pur et abondant. Le charbon humide, chauffé dans la cornue, produira toujours une quantité plus ou moins notable d'oxyde de carbone; le carbone enlevé sous cette forme aurait fait naître une quantité équivalente de gaz hydrogène, s'il eût été transformé en acide carbonique par l'oxygène d'un équivalent d'eau venu à l'état de vapeur dans la cornue. L'eau renfermée dans le charbon est donc aussi nuisible à la qualité qu'à la quantité du produit obtenu.

L'humidité du charbon de bois peut être due à deux causes assez différentes, le pouvoir hygroscopique qu'il possède comme toutes les substances poreuses, et la fraude du marchand. Exposé à l'air humide le charbon condense sans cesse l'eau gaziforme contenue dans l'atmosphère, il en absorbe jusqu'à 15 p. c. de son poids.

Vendu au poids, les marchands sont souvent tentés d'augmenter leurs bénéfices en le mouillant d'eau. A Narbonne le charbon n'est pas séché avant d'être chargé dans les cornues; cependant cela pourrait s'effectuer facilement en l'étendant préalablement au dessus des fours; une grande partie de l'humidité serait ainsi chassée d'avance. La quantité d'oxyde de carbone que j'ai constatée, diminuerait encore si cette précaution était observée.

Les charbons de bois léger se prêtent mieux à la décomposition de l'eau que les charbons compactes venus de bois plus dense. Plus le charbon est poreux, plus il offrira de surface à la vapeur d'eau lancée sur lui, et plus la décomposition de cette vapeur sera vive. C'est là un avantage réel pour ce système; les bois légers, moins recherchés pour les constructions, étant toujours d'un prix inférieur.

Arrivons maintenant à la consommation de combustible. Elle était évaluée par le gérant de la société narbonnaise a 125 kilogr. de houille de Newcastle par 24 heures et par cornue. Sans avoir aucun motif de révoquer en doute les renseignements qui nous étaient donnés, nous pensâmes que le but de notre mission

nous imposait l'obligation de nous convaincre par l'expérience même de tout ce qui regardait la marche de
la fabrication du gaz. Nous n'eûmes qu'à manifester ce
désir pour que l'usine, avec ses ouvriers, fût mise entièrement à notre disposition.

En conséquence nous commençâmes par peser la quantité de charbon de bois sur laquelle nous devions opérer ;
elle s'élevait à 48 kilogr. de charbon non séché, pour
les cinq cornues. Un gazomètre évacué d'avance fut
destiné à recevoir le gaz produit, les épurateurs furent chargés de la quantité de chaux hydratée citée
ci-dessus. L'expérience commença à 7 heures du matin
et fut arrêtée à midi. La cloche contenait alors 148
métr. cub. de gaz; la température de l'air était de
$28°$ C., la pression de l'atmosphère $0^m,758$, la pression
sur le barillet de 17 centim. d'eau; il avait été brûlé
210 kilogr. de grosse houille de Newcastle. Ainsi donc:

48 kilogr. de charbon de bois, chauffés par
210   »   de houille, donnèrent
148 mètres cubes de gaz.

On en déduit que 1 kilogr. de charbon de bois avait
rendu $3^{mc},0833$ de gaz épuré, et avait exigé pour cela
$4^k,791$ de houille. En d'autres termes, pour produire
1 mètre cube de gaz on avait consommé $0^k,5243$ de
charbon de bois et $1^k,4121$ de houille. Les cinq cornues pourraient donc fournir en 24 heures $710^{mc},4$
de gaz épuré, soit par cornue et par heure $6^{mc},92$,
et pour obtenir ces $710^{mc},4$ il faudrait employer 1008
kilogr. de grosse houille, soit par cornue et par 24
heures $201^k,6$.

M. VAN DEN BROECK, chimiste belge, avait constaté une consommation de houille de 175 kil. par cornue et par 24 heures, tandis que le gérant de la société narbonnaise assurait que les notes de fabrication n'accusaient qu'un chiffre de 125 kilogr. Ces deux derniers résultats se rapportent à une époque où l'usine employait deux fours, l'un à cinq, l'autre à trois cornues; tandis que pendant notre séjour à Narbonne il ne fonctionnait qu'un seul four à cinq cornues. Or tout porte à croire, comme je l'ai dit plus haut, que sous le rapport de la quantité de combustible à employer pour obtenir un volume donné de gaz, les fours à cinq cornues sont les plus avantageux. Les conditions dans lesquelles nous travaillions étaient donc meilleures, et cependant nous arrivions à une consommation de houille beaucoup plus considérable, par cornue et dans un temps donné. Ce résultat défavorable de notre expérience tenait, d'après le directeur de l'usine, à un engorgement des tubes qui conduisent la vapeur dans les cornues, ensorte que la quantité de vapeur chassée sur la surface du charbon incandescent, aurait été très-inférieure au maximum de vapeur qui aurait pu être décomposée par le charbon dans le même temps.

On attribuait cet engorgement des tubes, se répétant assez souvent, à la mauvaise qualité de l'eau employée pour alimenter la chaudière. Cette eau est puisée aux lieux où se trouvaient autrefois des marais salants depuis longtemps abandonnés. Je ne doute guère que la composition de cette eau n'entre également pour quelque chose dans les causes diverses, auxquelles doit être attribuée l'usure des cornues en fonte et des tuyaux injecteurs, usure qu'on prétend être exceptionnellement rapide à l'usine de Narbonne. Le chlore des chlorures, venus avec la vapeur d'eau dans les cornues chauffées au rouge-clair, ne cessera de volatiliser, sous forme de chlorure, le fer dont elles sont confectionnées. Autant pour prévenir l'engorgement des tubes que pour éviter une cause de corrosion des cornues, il est donc indispensable d'employer, pour l'alimentation de la chaudière, une eau qui ne contienne pas en solution des sels aussi nuisibles.

L'écart considérable entre la consommation de combustible constatée par nous-mêmes, et celle déduite de la fabrication journalière, nous engagea à procéder à une seconde expérience, dont les résultats furent plus avantageux. Cette fois il fallut employer 143 kilogr. de grosse houille pour obtenir 138 mètr. cub. de gaz épuré (temp. 25° C., barom. $0^m,758$, pression $0^m,14$ d'eau), ce qui donne $1^k,036$ par mètre cube, et, pour les 148 mètr. cub. de la première expérience, $153,^k3$ au lieu de 210. Le chauffage des cinq cornues aurait donc demandé $735^k,8$ au lieu de 1008 par 24 heures, ce qui correspond à $147^k,1$ au lieu de 201,6 par cornue et par 24 heures. Comme on le voit ce chiffre se rapproche déjà, tout en lui restant supérieur, de la consommation moyenne de combustible (125 kil.) indiquée par les notes de fabrication de l'usine. Il faut reconnaître d'ailleurs que cette consommation moyenne pourrait encore être diminuée assez notablement, si la construction des fours à Narbonne était plus conforme aux exigences de l'art. C'est aux vices de cette construction qu'on attribue la nécessité où l'on se trouve, de brûler de la grosse houille au lieu de *gailletterie* ou même de *tout-venant*. On lui reproche surtout d'avoir laissé trop peu d'espace entre les cornues et la voûte du four; celle-ci devrait être haussée de 25 à 30 centim.; dans leur état actuel les fours à cinq cornues semblent plutôt avoir été construits pour trois. Une autre amélioration pourrait être réalisée en rangeant les cornues dos-à-dos dans un même foyer. Enfin la cheminée est trop élevée et trop spacieuse, ce qui occasionne un tirage trop fort et par suite une perte très-considérable de chaleur. J'ai cru devoir relever ces fautes de construction commises à Narbonne, parcequ'elles portent avec elles un enseignement précieux pour les localités, où l'on voudrait établir des usines analogues.

Dans la première des deux expériences que je viens de rapporter, 0,^{k}3243 de charbon de bois produisîrent un mètre cube de gaz à la température et sous la pression indiquées. Si l'on pouvait déterminer exactement la quantité de carbone contenue dans le charbon employé, on en conclurait par le calcul le volume d'hydrogène qui devrait être produit, dans l'hypothèse que tout le carbone fût transformé en acide carbonique; ce qui est évidemment le but à atteindre. Pour chaque équivalent de carbone passé à l'état d'acide carbonique, deux équivalents de gaz hydrogène seront mis en liberté, deux équivalents d'eau étant décomposés. Cela revient à dire que pour 75 parties en poids de carbone on devrait obtenir 25 parties d'hydrogène et 275 d'acide carbonique, par la décomposition de 225 parties d'eau. Ayant emporté quelques morceaux du charbon de bois de chêne, dont étaient chargées les cornues dans l'expérience susmentionnée, j'ai choisi pour l'analyse trois échantillons qui étaient évidemment provenus de différentes parties de l'arbre; ils avaient la composition suivante:

	No. 1.	No. 2.	No. 3.
Carbone	87,906	85.292	88,082
Eau	10,672	12,983	10,021
Cendres	1,409	1,299	1,599

On voit que la proportion de carbone est loin d'être fixe. On sait en effet depuis longtemps que les différentes parties d'un même arbre, et partant le charbon qui en sera fait, laissent une quantité de cendres très-variable; il y a plus: la richesse en carbone augmente avec la température à laquelle la carbonisation a eu lieu, de telle sorte que la proportion de cet élément, pour du charbon du même bois, pris du même morceau, peut varier de 70,4 à 96,5 p. c. En constatant la quantité de carbone contenue dans un ou plusieurs échantillons de charbon de bois, on ne pourra donc jamais en conclure qu'approximativement la quantité de gaz qui sera produite par l'emploi d'un tel charbon. La proportion moyenne du carbone des trois échantillons que j'ai analysés, est de 87,093 p. c. Dans l'expérience faite à l'usine, 48 kilogr. de charbon ont donné 148 mètr. cub. de gaz épuré. Ces 48 kil. sont censés contenir $48 \times 0,87093 = 41,^k804$ de carbone. — $41,^k804$ de carbone, transformés en acide carbonique, auraient mis en liberté $13,^k935$ d'hydrogène, ce qui équivaut en volume à $154,^{m.c}904$ de gaz à la température de 0° C. et à une pression de $0^m,760$. Pour comparer à ce volume théorique le volume de 148 m. c. trouvé expérimentalement, il faut le ramener à la température de 0° C. et à la pression de 0$_m$,760, ce qui le réduit à 136,$^{m.c}$070 [1]). Il est vrai que ces 136$^{m.c}$070 de gaz contiennent 3,54 p. c. soit 4$^{m.c}$,816 d'oxyde de carbone, qui, s'ils avaient été convertis en acide carbonique, auraient donné deux volumes égaux, l'un d'acide carbonique, l'autre d'hydrogène: mais cela n'eut pas augmenté le volume de gaz venu sous cloche, puisque l'acide carbonique produit eut été fixé par la chaux. Le gaz contenait en outre 0,38 p. c., soit 0,$^{m.c}$517, d'hydrogène proto-carboné: si le carbone entré dans cette combinaison avait été brûlé complétement par la vapeur d'eau, un volume d'hydrogène quadruple aurait été mis en même temps en liberté; au lieu de 0,$^{m.c}$517 de gaz hydrogène proto-carboné, il y aurait eu production de 2,$^{m.c}$068 de gaz hydrogène.

Ainsi donc, tandis que maintenant les 136$^{m.c}$070 de gaz ne renferment, d'après le résultat de l'analyse que j'en ai faite [2]), que 94,08 p. c. ou 128,$^{m.c}$014 d'hydrogène pur, ils en pourraient contenir 128,014 + 4,816 + 3 × 0,517 = 134,$^{m.c}$381, si le carbone qui est entré tant dans l'oxyde de carbone que dans l'hydrogène proto-carboné (et dont il faut tenir compte), eût été converti en acide carbonique.

---

[1]) La pression de 0,^{m}17 d'eau équivaut à une pression de mercure de 0^m,0125. Le gaz contenu dans le gazomètre, et dont la température était de 28° C., était donc soumis à une pression de 0,^{m}758 + 0,^{m}0125 = 0,^{m}7705, d'où:

$$V = \frac{0,7705 \times 148}{0,76 \,(1 + 28 \times 0,003678)} = \frac{0,7705 \times 148}{0,76 \times 1,102698} = 136,0705.$$

[2]) Voyez page 23.

Le calcul basé sur le résultat moyen des analyses du charbon ci-dessus mentionnées, ayant donné $154^{m. c.},904$, on voit que la production réelle d'hydrogène est restée inférieure au rendement calculé, de $26^{m. c.},890$; à l'aide de la correction indiquée cette différence pourrait être diminuée de $4,816 + 3 \times 0,517 = 6^{m. c.},367$, ce qui la réduirait à $20^{m. c.},523$; mais elle n'en demeurerait pas moins assez notable. J'ai fait observer plus haut que la composition du charbon étant très-variable, l'analyse de quelques échantillons ne pouvait conduire qu'à une évaluation approximative du volume de gaz à produire. Il se pourrait donc que la proportion de 87,093 p. c. de carbone, déduite de mes analyses, n'eût pas été la proportion moyenne de toute la masse du charbon employé. Mais en supposant même que toute cette masse ait eu la composition de l'échantillon n° 2, le plus pauvre des trois en carbone, les 48 kilogr. de charbon auraient encore dû fournir $151^{m. c.},689$ de gaz, c'est-à-dire $23^{m. c.},675$ de plus qu'il n'en a été recueilli en réalité. En admettant que la proportion de 87,093 p. c. de carbone ait été la véritable, chaque p. c. de carbone aurait produit $\dfrac{128^{m. c.},014}{87,093} 1 = ^{m. c.},469$

d'hydrogène ou $\dfrac{134^{m. c.},581}{87,093} = 1^{m. c.},543$ si l'on adopte le volume $134^{m. c.},581$, dans lequel il a été tenu compte du carbone engagé dans l'oxyde de carbone et dans l'hydrogène proto-carboné; à ce taux un charbon devrait contenir $\dfrac{154.904}{1,469} = 105,387$ p. c. ou $\dfrac{154,904}{1,543} = 100,391$ p. c. de carbone pour pouvoir donner les $154^{m. c.},904$ de gaz obtenus par le calcul. Si au contraire l'on part de ce dernier volume, on trouve que chaque p. c. de carbone correspond à $\dfrac{154^{m.\ c.},904}{87,093} =$ $1^{m.\ c.},778$ [1]), de sorte qu'il eût suffi de $\dfrac{128,014}{1,778} =$ 71,998 p. c. dans le charbon employé, pour fournir l'hydrogène recueilli; ou de $\dfrac{154,581}{1,778} = 75,579$ p. c. si l'on fait usage de la correction indiquée.

Personne assurément ne prétendra pouvoir réaliser dans la pratique l'idéal de la théorie chimique; la proportion de carbone donnée par l'analyse a pu différer d'ailleurs de la richesse moyenne du charbon introduit dans les cornues; mais cette cause d'erreur n'a pu évidemment être assez considérable pour qu'à elle seule puisse être attribuée la divergence entre le résultat calculé et le produit obtenu. J'aime mieux croire, avec M. le directeur de l'usine, qu'une des cornues n'était pas dans les conditions voulues, qu'elle présentait une petite fissure ou quelque autre défectuosité inaperçue.

Le gaz recueilli sur le dernier épurateur dans l'expérience que je viens de décrire, a été soumis par moi à différentes analyses. J'en ai déterminé d'abord, à Marseille, la quantité d'acide carbonique et d'oxyde de carbone. Une autre portion, conservée dans deux flacons hermétiquement fermés, m'a servi plus tard, dans le laboratoire de l'athénée de Maestricht, pour une analyse complète, qui a fait connaître la composition suivante [2]):

---

[1]) En prenant 100 kilogr. de charbon de bois, chaque pourcent de carbone que renferme ce charbon, donnera d'après le calcul $3^{m.\ c.},705$ d'hydrogène.

[2]) Voyez ci-dessous la méthode d'analyse que j'ai suivie.

Eau	1,02	
Acide carbonique . . .	0,50	déterminés
Oxyde de carbone. . .	3,54	à Marseille.
Hydrogène proto-carboné	0,58	
Hydrogène	94,08	
Azote	0,12	
Pertes.	0.56	
	100,00	

C'est encore le même gaz dont j'ai déterminé à Narbonne le soir même, le pouvoir éclairant; cette détermination a été faite au moyen d'un photomètre de EDGE, basé sur le même principe que celui de BUNSEN, instrument parfaitement propre à ce genre d'expériences, pour lequel il a été spécialement construit. Mais avant de communiquer les résultats de cet examen, j'ai à décrire les becs brûleurs et les mèches de platine plongées dans la flamme du gaz hydrogène.

Les becs sont de trois dimensions différentes d'après le nombre des trous dont leurs couronnes sont percées; il y en a de 20, de 16 et de 12 trous ou jets. C'est dans un anneau de platine que les trous sont pratiqués: la température élevée de la flamme de l'hydrogène aurait bientôt altéré les couronnes, si elles étaient en cuivre jaune. Cet anneau en platine constitue la seule différence entre ces couronnes et celles qui sont employées dans l'éclairage au gaz de houille; peut-être aussi le diamètre des orifices est-il un peu moindre que dans ce dernier système.

Dans la flamme sont placées les mèches en fil de platine dont j'ai déjà fait mention. La forme de ces mèches (voyez la figure 1) se rapproche de celle d'une corbeille renversée sans fond. Elles sont fixées par trois supports (Fig. 2), en fil de platine de 0,75 millim. d'épaisseur, à un anneau circulaire qui passe sur la couronne (Fig. 3); la distance entre celle-ci et la base de la mè-

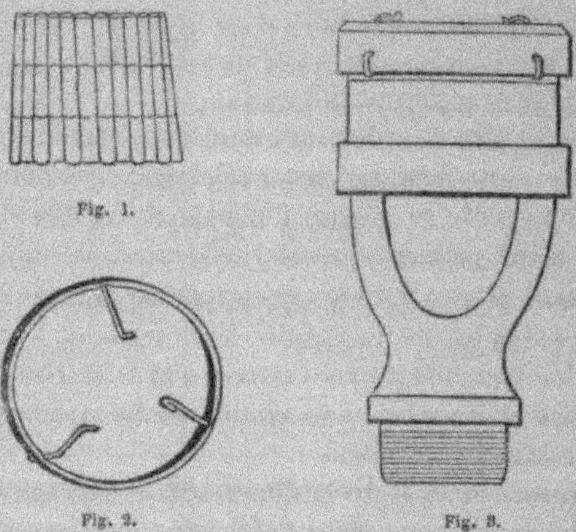

Fig. 1.

Fig. 2.

Fig. 3.

che est de 4 millim. Les dimensions et le poids varient avec les dimensions des becs auxquels les mèches sont adaptées; les mesures que j'en ai prises, ont donné les nombres suivants:

Mèche de 20 jets { hauteur . . 22 millim. grande base 23 » petite base 20 » } poids 1,571 gr.

Mèche de 16 jets { hauteur . . 18 » grande base 19 » petite base 17 » } poids 0,7565 gr.

$$\text{Mèche de 12 jets} \begin{cases} \text{hauteur . . . 18 millim.} \\ \text{grande base 15} \quad \text{»} \\ \text{petite base 12} \quad \text{»} \end{cases} \begin{array}{l} \text{poids} \\ \text{0,551 gr.} \end{array}$$

L'épaisseur du fil de platine employé à la confection de ces mèches, est de 0,55 millim.

La disposition des becs étant connue, voici maintenant les résultats auxquels je suis arrivé dans la détermination du pouvoir éclairant:

Pression $0^m,130$ d'eau.
Becs à 20 jets.

Consommation par heure 380 litres.
Pouvoir éclairant . . . . 16 bougies.

———

Pression $0^m,130$.
Becs à 16 jets.

Consommation par heure 250 litres.
Pouvoir éclairant . . . . 12 bougies.

———

Pression $0^m,130$.
Becs à 12 jets.

Consommation par heure 175 litres.
Pouvoir éclairant . . . . 7 bougies.

Ce qui donnerait pour 100 litres de gaz consommé:

pour un bec de 16 jets un pouvoir éclairant de 5,22 bougies,
»   20 »   »   4.21   »
»   12 »   »   4,00   »

Les becs de 16 jets sont donc les plus avantageux.

Quant à la pression, une fois qu'elle est suffisante pour chauffer à blanc la corbeille de platine, une pression plus forte, qui fait écouler une plus grande quantité de gaz sur la mèche, n'augmente aucunement la lumière qu'elle produisait déjà. Cet excédent de gaz est donc superflu et partant en pure perte.

L'expérience suivante l'a constaté:

Bec à 20 jets.

Pression $0^m,097$. Pouvoir éclairant $13\frac{1}{2}$ bougies [1])
» $0,127$ » $13\frac{1}{2}$ »

Il est inutile d'entourer les mèches de cheminées en verre poli, comme cela se fait dans l'éclairage au gaz de houille; il est préférable au contraire de ne pas les employer, parce que ces cheminées, quelque bien polies et nettoyées qu'elles soient, absorbent toujours une partie assez considérable da la lumière produite. Cette déperdition a été mise en évidence par l'expérience suivante:

Un bec à 12 jets avait un pouvoir éclairant de $6\frac{3}{4}$ bougies sans cheminée; la mèche étant entourée d'une

------

[1]) Le gaz n'était pas pur ce soir là; on avait fait pendant la journée quelques réparations à la cloche du gazomètre, et un volume notable d'air atmosphérique y avait pénétré.

cheminée parfaitement polie et propre, le pouvoir éclairant n'équivalait plus qu'à $5\frac{1}{4}$ bougies et avait diminué par conséquent de $1\frac{1}{2}$ bougies, soit de 22 p%.

Les mèches de platine coûtent de 1 à 2 francs suivant leurs dimensions. Leur durée serait indéfinie, si le gaz hydrogène était toujours absolument pur, et si leur fragilité n'était augmentée par une cristallisation, assez lente il est vrai, qui s'effectue à la surface des fils, exposés à une température aussi élevée que l'est celle de la flamme de l'hydrogène. La durée peut cependant être fixée à une année au moins; l'usine reprend alors les mèches altérées en les payant à raison de 60 à 75 centimes le gramme. Les dépenses pour les mèches ne sont donc pas considérables, et elles seront compensées par l'économie à faire sur les cheminées en verre, dont on pourra se dispenser.

Sous le rapport de la beauté, l'éclairage au gaz hydrogène laisse peu de chose a désirer. Ce qui rend cette lumière si belle, c'est sa grande fixité, son immobilité; ce n'est pas d'une flamme jamais tranquille, toujours vacillante, c'est d'un corps solide, chauffé à blanc, qu'émane la lumière. Aussi ne fatigue-t-elle aucunement les yeux, et ce qui m'a toujours frappé, c'est qu'on peut regarder fixement la mèche radiante sans que la vue en soit blessée.

Cet éclairage jouit aussi d'un grand pouvoir pénétrant. En général les réverbères dans les rues de Narbonne sont distants entre eux de 50 mètr., et cependant la ville est parfaitement éclairée. J'ai passé par une rue qui avait une longueur de 99 mètr., sur une largeur de $4\frac{1}{2}$, et qui, étant peu fréquentée, ne recevait de lumière que de deux réverbères, placés à ses extrémités,

et dans chacun desquels brûlait un bec à vingt jets;
l'éclairage de cette rue était encore très-suffisant.

Un seul bec à 16 jets, placé devant l'usine, dans un
réverbère qui était élevé à 4 mètr. au dessus du sol,
donnait assez de lumière pour qu'on pût lire sans peine
un journal à une distance horizontale de 10 mètres, et
voir l'heure à la montre à une distance de 45 mètres.

Quant à l'interprétation des phénomènes chimiques
qui se passent dans la production du gaz à l'eau,
on n'est pas encore tout-à-fait d'accord à ce sujet.
Le charbon de bois introduit dans les cylindres, disparaît tout entier, aux cendres près, qui ainsi que
nous l'avons dit, sont enlevées deux fois par semaine.
Ce charbon ne peut sortir des cornues qu'à l'état gazeux, c'est-à-dire uni à d'autres éléments avec lesquels
il forme des combinaisons gazeuses. Quelles sont ces
combinaisons? Ce ne peut être un hydrogène carboné,
car un pareil composé, en admettant même qu'il puisse
prendre naissance par l'action de la vapeur d'eau sur
le charbon incandescent, ne saurait se maintenir en
présence d'un excès de vapeur d'eau; son carbone serait brûlé dans un tel milieu. Les traces d'hydrogène
proto-carboné qu'on trouve dans le gaz à l'eau, doivent
se produire dans les premiers instants après le chargement de la cornue, alors que la température est
tombée trop bas pour qu'elles puissent être détruites
par la vapeur d'eau; à ce moment le charbon humide
dégagera un peu d'hydrogène carboné; plus tard et
par l'action directe de la vapeur sur le charbon, il ne
pourra pas s'en former. Ce n'est qu'à l'état de combinaison oxygénée que le carbone pourra s'échapper, et
pour chaque équivalent d'oxygène dont il s'emparera,

deux équivalents d'hydrogène seront mis en liberté. Mais les combinaisons gazeuses du carbone avec l'oxygène sont en nombre de deux, l'oxyde de carbone et l'acide carbonique. Si c'est la première qui se forme, il se dégagera un volume d'hydrogène pour chaque volume d'oxyde de carbone; si c'est la seconde qui prend naissance, deux volumes d'hydrogène correspondront à chaque volume d'acide carbonique. L'analyse du gaz et la quantité de chaux caustique que l'expérience a montré être nécessaire pour l'absorption de l'acide carbonique, prouvent que c'est presque exclusivement sous cette forme que le carbone quitte la cornue, et qu'il ne s'y mêle qu'une proportion relativement minime d'oxyde de carbone. Ici se présente une question, en apparence de peu d'intérêt, mais en ayant un fort grand à mon avis, si même elle n'est pour cette méthode de fabrication, une question vitale. Se forme-t-il primitivement de l'oxyde de carbone, et cet oxyde est-il ensuite brûlé et transformé en acide carbonique par la vapeur d'eau chauffée; ou bien le carbone, en contact avec la vapeur, passe-t-il directement à l'état d'acide carbonique? M. BUNSEN [1]) ayant fait traverser par de la vapeur d'eau, un tube en porcelaine contenant du charbon et chauffé au rouge, a obtenu un mélange d'oxyde et d'acide carboniques et même ces deux gaz se trouvaient dans le rapport simple de 1 : 2 équivalents, circonstance qu'il considère toutefois comme purement accidentelle. Malgré la présence simultanée des deux gaz, M. BUNSEN est d'opinion que la production de l'oxyde de carbone a pu très-

---

[1]) Annales de POGGENDORFF, vol. 46, pag. 207.

bien précéder celle de l'acide carbonique, et il s'appuie sur le fait que la plupart des corps simples donnent naissance, dans leur combustion directe, aux dégrés inférieurs d'oxydation, qui se transforment plus tard dans les dégrés supérieurs, lorsqu'ils en sont susceptibles. En admettant que les choses se passent ainsi, il dépendra de différentes circonstances qu'une quantité plus ou moins grande d'oxyde de carbone soit brûlée par la vapeur d'eau. Si le tube en porcelaine est rempli de charbon, le carbone devra s'échapper entièrement ou presque entièrement à l'état d'oxyde de carbone. Lors même qu'au point où la vapeur pénètre dans le tube, l'oxyde de carbone formé serait changé en acide carbonique, celui-ci continuant à traverser le charbon incandescent, se chargerait d'un nouvel équivalent de carbone et se réduirait en un volume double d'oxyde de carbone.

Si pour prévenir le contact prolongé et cette réduction consécutive de l'acide carbonique, on n'introduit dans le tube qu'un seul fragment de charbon, la transformation de l'oxyde de carbone en acide carbonique pourra être nulle, partielle ou complète; cela dépendra, ainsi que je l'établirai plus loin, des proportions relatives d'oxyde de carbone et de vapeur d'eau. M. LANGLOIS [1]) a exécuté l'expérience que je viens d'indiquer; mais de la manière dont il s'y est pris, il ne pouvait arriver à trancher la question dont il s'était proposé la solution. Pour avoir négligé l'influence de la quantité relative d'oxyde de carbone et de vapeur, il n'a trouvé dans le gaz obtenu que 6—12 p% d'acide

---

[1]) Ann. de chimie et de physique. Tom. 51, p. 322.

carbonique pour 31,86—42,21 p% d'oxyde de carbone.
M. LANGLOIS, soit dit en passant, ne mentionne, pour
la décomposition de l'eau, que la méthode proposée,
il y a quelques années, par KIRKHAM, méthode essayée
à l'Hôtel des Invalides de Paris, mais rejetée à cause
de la forte proportion d'oxyde de carbone que le gaz
contenait. Les grandes améliorations apportées à cette
méthode par GILLARD paraissent ne pas avoir été connues de M. LANGLOIS. Ses expériences viennent à l'appui
de la désapprobation qui a frappé le procédé original,
mais elles étaient superflues, ce procédé ne trouvant
plus de défenseurs et étant allé réjoindre, depuis longtemps, dans leur tombeau les mille inventions éphé-
mères du siècle.

L'oxyde de carbone, comme nous venons de le voir,
peut être brûlé complétement par la vapeur d'eau, si
les deux substances se trouvent dans le rapport convenable. Ce rapport précis a été rencontré, fortuitement, dans l'usine de Narbonne; la faible proportion
d'oxyde de carbone, dans le gaz à l'eau, nous l'indique. Je dis fortuitement, car dans la fixation du
nombre de trous à donner aux tubes injecteurs, on
n'a été guidé par aucune vue théorique; on a travaillé
tout-à-fait au hasard. On ne pourrait augmenter ni
diminuer impunément le nombre des jets, et par suite
la quantité de vapeur amenée dans les cornues. Plus
au reste cette vapeur aura une température élevée,
plus elle sera sèche, et plus la décomposition sera
activée. La vapeur surchauffée est donc préférable, et
l'on commet une faute à Narbonne en ne l'employant
pas dans cet état.

La possibilité de la transformation de l'oxyde de

carbone en acide carbonique par la vapeur d'eau, m'a paru constituer un fait assez important pour que j'aie cru devoir m'en assurer expérimentalement. En effet, si cette possibilité existe, rien ne s'oppose plus à ce que l'on admette que l'action de la vapeur sur le carbone donne d'abord lieu à de l'oxyde de carbone, et que de la suroxygénation de celui-ci résulte de l'acide carbonique.

Voici comment l'expérience a été conduite:

On a rempli un gazomètre avec de l'oxyde de carbone, provenant de la décomposition de l'acide oxalique par l'acide sulfurique, et débarrassé de l'acide carbonique par du lait de chaux et par une solution concentrée de potasse. Le gaz ainsi recueilli ne produisait plus le moindre trouble dans l'eau de baryte; l'une des expériences qui vont suivre, montra en outre qu'il ne renfermait pas d'air atmosphérique.

Le gazomètre fut mis en communication, par un tube en verre, avec un tube en porcelaine de 3 centim. de diamètre; dans la même ouverture du tube en porcelaine débouchait un second tube en verre, dont l'autre extrémité s'adaptait à une cornue, servant à produire la vapeur d'eau. Cette cornue était chauffée à l'aide d'une lampe de BERZELIUS, afin de pouvoir régler convenablement l'émission de la vapeur.

Le tube en porcelaine était disposé dans un fourneau à tube, chauffé au charbon de bois; la chaleur développée n'était pas suffisante pour amener l'argent à fusion. A sa sortie le gaz fut recueilli sur le mercure, dans des cloches divisées, et mesuré à la température de 0° C. et à la pression de $0^m,760$. On ne commença à le recueillir, que lorsque le courant d'oxyde de carbone eut traversé l'appareil pendant assez longtemps, pour qu'on fût assuré qu'il n'y restait plus d'air atmosphérique, dont l'oxygène put brûler l'oxyde de carbone.

La détermination de l'acide carbonique fut faite par une boule de potasse caustique fixée à un fil de platine; celle de l'oxyde de carbone, soit par absorption à l'aide d'une dissolution de chlorure de cuivre (Cu^2 Cl.), dont était imprégnée une boule de feutre, et absorption consécutive de l'ac. chlorhydrique par une boule de potasse caustique, soit par la combustion avec l'oxygène qui brûlait en même temps l'hydrogène du mélange. L'oxygène mis en excès fut enlevé par une boule de phosphore, (puis l'acide phosphoreux produit fut éloigné au moyen d'une boule de potasse) ou par une dissolution alcaline de pyrogallate de potasse.

Ainsi analysés les mélanges gazeux que j'avais obtenus, m'ont donné la composition suivante:

N°. 1.

Détermination de l'acide carbonique.

179   c. c. avant l'expérience,
 96,5   »   après   »

 82,5 c. c. $= 46,09$ p% furent donc absorbés.

Détermination de l'oxyde de carbone.

13,1 c. c. avant l'introduction du chlorure de cuivre,
11,3 »   après   »   »   »   »   »

 1,8 c. c. furent donc absorbés.

$$13,1 : 96,5 = 1,8 : x,$$
$$x = 13,36.$$

96,5 c. c. de gaz exempt d'acide carbonique correspondent à 179 c. c. du gaz primitif; par conséquent la proportion d'oxyde de carbone est de $\dfrac{13,36 \times 100}{179} =$ 7,46 p%.

Détermination de l'hydrogène.

24,7 c. c. de gaz privé d'acide et d'oxyde carboniques, furent mêlés avec 15,2 c. c. d'oxygène, et brûlés. Il resta 5,4 c. c.

Dans ce résidu le phosphore absorba 5 c. c.

Il avait donc disparu dans la combustion 12,2 c. c. d'oxygène, correspondant à 24,4 c. c. d'hydrogène.

Les 0,4 c. c. restants ne contenaient pas d'acide carbonique et étaient indubitablement de l'azote.

Tout l'oxyde de carbone avait donc été absorbé par le chlorure de cuivre [1]).

En réunissant ces résultats partiels, on trouve:

Acide carbonique	46,09
Oxyde de carbone	7,46
Hydrogène	45,88
Azote	0,57
	100,00.

[1]) On a quelquefois prétendu que le chlorure Cu^2Cl n'absorbe pas complétement l'oxyde de carbone. Il m'est agréable de voir cette assertion démentie par les résultats ci-dessus, parce que, dans toutes les analyses mentionnées dans ce travail, la détermination de l'oxyde de carbone a été faite au moyen de Cu^2Cl en dissolution dans l'ammoniaque (ces résultats ayant été obtenus lorsque déjà le présent travail était prêt pour l'impression). M. BUNSEN (Gazometrische Methoden, s. 101) a également constaté l'absorption complète.

La combustion de l'oxyde de carbone par la vapeur d'eau devrait fournir des volumes égaux d'acide carbonique et d'hydrogène. L'azote trouvé par l'analyse indique qu'il restait encore un peu d'air atmosphérique dans l'appareil lorsque le gaz fut recueilli. C'est l'oxygène de cet air qui est cause que le volume de l'acide carbonique obtenu surpasse un peu celui de l'hydrogène.

N°. 2.

GAZ OBTENU AVEC UN COURANT ABONDANT DE VAPEUR D'EAU.

Détermination de l'acide carbonique.

177,5 c. c. laissèrent, après l'emploi de la boule de potasse, 142,4 c. c.;
Absorbés 54,9 c. c. $=$ 19,69 p%.

Détermination de l'oxyde de carbone.

Sur 22,9 c. c. le chlorure de cuivre absorba 17,3 c. c.

$$22,9 : 142,4 = 17,5 : x,$$
$$x = 107,59.$$

142,4 c. c. de gaz débarrassé d'acide carbonique, répondent à 177,5 c. c. du gaz primitif.
La proportion d'oxyde de carbone est donc
$$\frac{107,59 \times 100}{1775,} = 60,67 \text{ p\%}.$$

Détermination de l'hydrogène.

81,5 c. c. débarrassés d'acide carbonique, furent brûlés avec 50 c. c. d'oxygène.

Le résidu de la combustion s'élevait à 71,1 c. c.

Une boule de potasse en absorba   61,6 c. c.

Les 9,5 c. c. restants furent absorbés complétement par la solution de pyrogallate de potasse.

L'oxygène nécessaire pour la production de
61,6 c. c. d'ac. carbonique s'élevait à . . 30,8 c. c.
L'oxygène trouvé en excès . . . . 9,5 »
La combustion de l'hydrogène avait donc
exigé . . . . 9,7 »

9,7 d'oxygène répondent à 19,4 d'hydrogène.

81,5 c. c. de gaz privé d'acide carbonique, représentent 100,7 c. c. du mélange primitif.

La proportion d'hydrogène est donc:

$$\frac{19,4 \times 100}{100,7} = 19,26 \ p^0/_0.$$

La composition du gaz n°. 2 est par suite:

Acide carbonique 19,69
Oxyde de carbone 60,67
Hydrogène 19,26
99,62.

La perte dans cette analyse égale presque exactement ce qui manque à l'hydrogène, pour que son volume soit égal à celui de l'acide carbonique. Au moment

où le gaz a été recueilli, l'appareil fonctionnait depuis
trop longtemps. pour qu'on puisse admettre qu'il contenait encore de l'air atmosphérique, ce qui d'ailleurs
eût été mis en évidence par l'azote qui, dans ce cas,
serait resté après l'emploi du pyrogallate de potasse.
L'absence d'azote peut servir en même temps de preuve,
que l'oxyde de carbone employé était exempt d'air
atmosphérique. La perte doit être mise sur le compte
des erreurs d'observation.

N⁰. 3.

GAZ OBTENU AVEC UN COURANT TRÈS-FAIBLE DE
VAPEUR D'EAU.

Détermination de l'acide carbonique.

133.5 c. c. donnèrent lieu à une absorption de
37,5 c. c. $= 28,09$ p%. en laissant 96 c. c. de gaz
privé d'acide carbonique.

Détermination de l'oxyde de carbone et de l'hydrogène.

44,7 c. c. de gaz privé d'acide carbonique, furent
brûlés avec 31,1 c. c. d'oxygène.

Résidu de la combustion 56 c. c.

La boule de potasse produisit dans ce résidu une
absorption de 27,2 c. c.

Les 8,8 c. c. restants furent absorbés, à une trace
près, par le pyrogallate de potasse.

Les 44,7 c. c. de gaz se composaient donc de 27,2
c. c. d'oxyde de carbone et 17,5 c. c. d'hydrogène.

58

$$44,7 : 96 = 17,2 : x,$$
$$x = 58,41.$$

96 c. c. de gaz privé d'acide carbonique répondant à 133,5 c. c. du gaz primitif, la proportion de l'oxyde de carbone est de $\dfrac{58,41 \times 100}{133,5} = 43,75$ p%.

Et pour l'hydrogène:

$$44,7 : 96 = 17,5 : x,$$
$$x = 37,58.$$
$$\frac{37,58 \times 100}{133,5} = 28,15 \text{ p\%}.$$

La composition du gaz n⁰. 3 est donc:

Acide carbonique 28,09
Oxyde de carbone 43,75
Hydrogène 28,15
99,99

N⁰. 4.

Détermination de l'acide carbonique.

119,2 c. c. de gaz. Absorption par la potasse 48.4 c. c. = 40,60 p%.

Résidu de gaz privé d'acide carbonique 70,8 c. c.

Détermination de l'oxyde de carbone et de l'hydrogène.

27 c. c. de gaz privé d'acide carbonique, brûlés avec 16,6 c. c. d'oxygène, laissèrent un résidu de 11,6 c. c., dont la potasse absorba 8,5 c. c.

Les 3,1 c. c. restants furent absorbés par la solution de pyrogallate de potasse.

Les 27 c. c. de gaz étaient donc composés de :

Oxyde de carbone 8,5
Hydrogène . . . . 18,5.

$$27 : 70,8 = 8,5 : x,$$
$$x = 22,29.$$

70,8 c. c. de gaz privé d'acide carbonique répondant à 119,2 c. c. du gaz primitif, la proportion d'oxyde de carbone est de $\dfrac{22,29 \times 100}{119,2} = 18,7 \ p\%$.

Et pour l'hydrogène :

$$27 : 70,8 = 18,5 : x,$$
$$x = 48,5.$$

Proportion de l'hydrogène $\dfrac{48,5 \times 100}{119,2} = 40,68 \ p\%$.

La composition du gaz n°. 4 est donc :

Acide carbonique 40,60
Oxyde de carbone 18,70
Hydrogène 40,68
$\overline{\hphantom{Hydrogène . . .} 99,98.}$

Résumé.

	Nº. 1.	Nº. 2.	Nº. 3.	Nº. 4.
		Le courant de vapeur d'eau		
		abondant	très-faible	un peu plus abondant que dans nº. 3.
Acide carbonique .	46,09	19,69	28,09	40,60
Oxyde de carbone .	7,46	60,67	43,75	18,70
Hydrogène	45,88	19,26	28.15	40,68
Azote	0,57			

L'inspection de ce tableau fait voir, que c'est dans la première expérience que le rapport entre la vapeur d'eau et l'oxyde de carbone a été le plus favorable. Le dégagement de l'oxyde de carbone avait toujours lieu sous la même pression et avec la même ouverture du robinet, et était par conséquent toujours égal; la quantité de vapeur d'eau affluente était seule variable pour les divers échantillons de gaz recueillis. Dans la seconde expérience la quantité de vapeur était beaucoup plus grande que dans la première; la conséquence fut que, l'oxyde de carbone étant entraîné trop rapidement hors du tube incandescent, la plus grande partie échappa à la combustion. Dans la troisième expérience le courant de vapeur était très-faible, trop faible pour que l'oxyde de carbone pût y trouver la quantité d'oxygène nécessaire pour se transformer en acide carbonique.

Dans la quatrième expérience enfin, le courant devenant un peu plus fort, une plus grande quantité d'oxyde de carbone put être brûlée, et la proportion d'acide carbonique augmenta considérablement. Il est donc hors de doute que tout l'oxyde de carbone aurait été brûlé, si l'on était parvenu à rencontrer le rapport convenable entre la vapeur d'eau et l'oxyde de carbone. La vapeur est-elle en excès, le mélange gazeux est chassé trop rapidement au dehors, et une portion plus ou moins grande d'oxyde de carbone demeure intacte; la vapeur est-elle insuffisante, le même effet se produit, parce qu'il n'y a plus assez d'oxygène pour la combustion de tout l'oxyde de carbone.

Maintenant que l'expérience a prononcé sur la possibilité de brûler tout l'oxyde de carbone par l'oxygène de la vapeur d'eau, la conclusion, je pense, est légitime que c'est cet oxyde qui se forme primitivement dans la réaction de la vapeur sur le charbon incandescent. La production d'oxyde de carbone exige un équivalent d'eau; sa transformation ultérieure en acide carbonique demande un second équivalent. Une proportion d'eau, soit plus grande soit plus petite, laisse, par les motifs indiqués plus haut, une partie de l'oxyde de carbone inaltérée. Dans la pratique il est difficile de faire arriver dans la cornue, pour chaque kilogramme de carbone, précisément la quantité voulue de 1,5 kilogr. de vapeur d'eau. D'un autre côté si la vapeur reste au dessous de cette quantité, il n'y a plus aucun moyen d'obtenir une transformation complète de l'oxyde de carbone en acide carbonique; tandis que cette condition peut très-bien être remplie par une disposition convenable, si la vapeur est en excès. Il suffit pour cela de prolonger le contact des deux corps, ce qui peut s'effectuer facilement en établissant, comme dans le système Leprince (voir plus loin) des compartiments longitudinaux près de la base et du dôme de la cornue, et en forçant le mélange gazeux de parcourir ce circuit, avant de le laisser sortir par les tuyaux abducteurs. Je pense que de cette manière le gaz à l'eau pourra être obtenu tout-à-fait exempt d'oxyde de carbone. Les 3,54 p% que j'ai trouvés dans le gaz recueilli à Narbonne, ne me semblent offrir aucun inconvénient sous le rapport de l'hygiène publique; mais ces 3,54 p% d'oxyde de carbone, étant changés en acide carbonique, augmenteraient de 3,54 p% la production d'hydrogène, et c'est là un avantage qui n'est pas à dédaigner.

On peut tirer du résultat de mes expériences une autre conséquence, savoir, qu'il est tout-à-fait indifférent de quelle manière l'oxyde de carbone aura été produit. Le prix élevé du charbon de bois, dans certains pays, augmente notablement le prix de revient du gaz à l'eau; cet inconvénient n'existe pas pour les contrées riches en bois, auxquelles, a mon avis, l'éclairage par le gaz à l'eau est surtout appropriée. Il ne faut pas perdre de vue toutefois, que si l'on adopte pour l'oxyde de carbone un autre mode de préparation que par la décomposition de l'eau, chaque équivalent de carbone faisant partie de l'oxyde, ne fournira qu'un seul équivalent d'hydrogène, c'est-à-dire la moitié seulement de ce qu'on obtient, en produisant l'oxyde de carbone au moyen de la décomposition de l'eau. L'oxyde de carbone préparé d'une manière différente, devra donc coûter moins de la moitié de celui obtenu par la décomposition de l'eau par le charbon de bois, si l'on veut que le prix de revient du gaz d'éclairage soit moins élevé.

La production de l'oxyde de carbone et sa transformation en acide carbonique se font actuellement dans la même cornue. On sait qu'en faisant passer de la vapeur d'eau sur du charbon, la formation de l'oxyde de carbone a lieu à une température relativement basse, tandis que sa combustion ultérieure par la vapeur exige une très-forte chaleur. Aussi a-t-on observé dans l'usine de Narbonne, que la proportion d'oxyde de carbone dans le gaz à l'eau augmente, dès que la température des cornues s'abaisse au dessous du rouge-orange.

Dans les usines où l'on doit chauffer deux fours pour la consommation journalière de gaz, on économiserait donc une quantité notable de combustible, en produisant l'oxyde de carbone, à une température peu élevée, dans un des fours, et opérant dans les cornues plus fortement chauffées du second, la transformation en acide carbonique par la vapeur d'eau. La théorie ne peut fournir à cet égard que des indications; c'est à l'industrie de décider comment les données de la science peuvent être appliquées le plus avantageusement. Il est incontestable que la méthode de fabrication du gaz à l'eau est encore susceptible de beaucoup de perfectionnements, et qu'un bel avenir est réservé à ce mode-d'éclairage, malgré les objections nombreuses et parfois ridicules qu'on lui a faites jusqu'à présent. Des assertions telles que celle-ci: que la majeure partie de l'hydrogène provient de la décomposition de l'eau par les parois en fonte des appareils, qu'elle a lieu aux dépens de la matière des cornues [1]); des asser-

---

[1]) Journ. de l'éclairage au gaz, N°. du 5 Janv. 1858.

tions semblables dis-je, ne peuvent provoquer qu'un sourire de pitié. Un journal qui se respecte ne devrait pas admettre des critiques aussi dénuées de sens.

On pourrait demander s'il est bien possible que le fer soit oxydé dans l'atmosphère d'un gaz (oxyde de carbone), qui est l'agent principal, sinon unique, de la réduction de l'oxyde de fer dans les hauts-fourneaux, et qui »est très-heureusement employé à la décomposition de l'oxyde de cuivre" [1]) par M. ALAIN, directeur des mines de St. Romain des Codières. Mais abstraction faite de cette considération, la simple connaissance du fait que les décompositions chimiques ont lieu en proportions équivalentes, suffirait pour montrer l'absurdité de pareilles allégations. On prétend que la plus grande partie de l'hydrogène est due à la décomposition que le fer des cornues fait subir à l'eau. N'allons pas si loin; admettons que la moitié seulement de l'hydrogène prenne son origine dans cette réaction. Sur les 800$^{m. c.}$ de gaz journellement produits à Narbonne, 400$^{m. c.}$ proviendront alors de la décomposition de l'eau par la fonte. Un mètre cube d'hydrogène pèse 89$^{gr.}$,9; — 400$^{m. c.}$ pèseront donc 35^{k},960. Pour mettre en liberté 1 kilogr. d'hydrogène, il faut 28 kil de fer; pour les 35^{k},960 cela fait 1005 kil. Les cornues de Narbonne, avec leurs têtes, ont chacune un poids de 930 kil. Après 4½ journées de travail les cinq cornues d'un four auraient disparu, y compris leurs têtes, jusqu'à la dernière parcelle. Et c'est avec de semblables arguments qu'on croit empêcher le gaz à l'eau de faire fortune!

[1]) Journ. de l'éclairage au gaz, N°. du 20 Févr. 1858.

GAZ LEPRINCE.

J'ai déjà dit, au commencement de ce mémoire, que lorsque les députés de la société anonyme pour la fabrication du gaz à l'eau se présentèrent à la régence de la ville de Maestricht, celle-ci s'était déjà mise en rapport avec M. LEPRINCE de Liége, pour faire éclairer la ville par un gaz mixte, dit gaz Leprince. Pour faire ressortir les avantages de l'un ou de l'autre système, j'ai cru devoir étudier en même temps le procédé Leprince et les propriétés du gaz produit d'après ce procédé.

Le gaz Leprince est un gaz mixte. Il est obtenu en décomposant de l'eau sur du coke incandescent, et faisant passer les produits de la décomposition, mêlés encore avec des vapeurs d'eau, sur du charbon de terre porté à la température convenable. Les deux opérations se font dans une même cornue, ayant à peu près la forme ordinaire, mais divisée intérieurement, par deux cloisons longitudinales, en trois compartiments d'inégale capacité. Le plus grand compartiment est occupé par la houille; un autre, placé à l'angle de la base de la cornue, renferme le coke; le dernier enfin se trouve au dôme de la cornue. Un siphon, adapté à l'une des extrémités de la petite loge au fond, y distribue les gouttes d'eau destinées à être décomposées par le coke incandescent; une communication établie à l'autre extrémité, fait passer les gaz provenant de la décomposition de l'eau, et les vapeurs d'eau surabondantes, dans le grand compartiment, où ils viennent en contact avec les produits de la distillation de la houille, et d'où ils sortent par la loge supérieure, mise en communication avec le tuyau abducteur.

Le procédé Leprince est basé, on le voit, sur les mêmes principes que le procédé White, *l'hydro-carbon process*. Dans ce dernier l'eau est décomposée, par le coke ou le charbon de bois chauffé au rouge-clair, dans une cornue séparée, placée entre deux cornues à houille, dans lesquelles les gaz résultant de la décomposition de l'eau, sont chassés.

Le procédé White, et partant le procédé Leprince, consistent essentiellement dans la production de gaz inflammables non éclairants, qui sont introduits dans les cornues destinées à fournir les gaz éclairants.

Les gaz qui composent le mélange qu'on nomme gaz d'éclairage, peuvent être divisés en deux classes, savoir en gaz éclairants et gaz non-éclairants. Dans la première classe doivent être rangés l'hydrogène bicarboné et d'autres hydrocarbures de la formule $C^n H^n$; dans la seconde l'hydrogène proto-carboné, l'hydrogène et l'oxyde de carbone. Le pouvoir éclairant d'un gaz tient à la présence des corps de la première catégorie; cependant la présence d'un gaz appartenant à l'autre est également indispensable, pour que les produits riches en carbone brûlent sans faire naître de fumée noire, ce qui n'a jamais lieu qu'au détriment de la lumière développée. Les gaz éclairants chauffés au blanc sont immédiatement décomposés; à la température rouge la décomposition s'effectue encore, quoique plus lentement. Les molécules de carbone, ainsi séparés pendant la combustion, deviennent, aussi longtemps qu'elles restent suspendues dans la flamme, autant de points radiants. Le pouvoir éclairant d'une flamme sera donc d'autant plus grand, qu'elle tiendra en suspension un nombre plus considérable de ces molécules de carbone, à condition toutefois que celles-ci, en sortant de la flamme, trouvent assez d'air pour être brûlées complétement.

Les gaz en question étant décomposés, comme je viens de le dire, par une chaleur rouge, le seront également par la température qui existe dans la cornue : aussi les parois de celle-ci se couvrent-elles peu-à-peu d'une couche compacte de carbone, qui ne se serait pas déposée si le gaz y avait séjourné moins longtemps. Plus ce séjour est prolongé, et plus le gaz contient de corps riches en carbone, plus ce dépôt sera épais dans un temps donné. On a donc une double indication à remplir pour éviter cette décomposition si nuisible au pouvoir éclairant du produit : abréger le séjour du gaz dans la cornue, et diviser les gaz riches en carbone par d'autres, qui ne contiennent pas cet élément ou qui le renferment en moindre proportion.

Les gaz non éclairants, et surtout l'hydrogène, conviennent parfaitement pour ce double but. Ils ont encore un autre avantage réel, en ce qu'ils maintiennent en suspension des vapeurs d'hydrocarbures, qui, à la température ordinaire, sont des corps fluides ou solides, mais qui, entraînés par les gaz permanents, conservent leur état élastique, et contribuent considérablement à augmenter le pouvoir éclairant. On a prétendu que les froids de l'hiver, effectuant une condensation de ces vapeurs suspendues, devraient diminuer de beaucoup le pouvoir éclairant d'un pareil mélange ; l'expérience est venue démontrer qu'il y a effectivement une diminution, mais moins sensible que celle que subit le gaz ordinaire de houille, dans les mêmes circonstances.

Entre les trois gaz, hydrogène, oxyde de carbone et hydrogène proto-carboné, propres à remplir les fonctions indiquées, le choix ne saurait être douteux. L'hydrogène offre des propriétés qui le rendent de beaucoup préférable aux deux autres. Ce qui est d'une importance majeure dans l'éclairage des édifices publics ou des habitations particulières, c'est que l'air soit vicié aussi peu que possible, que la consommation d'oxygène, la formation d'acide carbonique et la production de chaleur soient un minimum. Nous démontrerons plus tard que l'hydrogène satisfait le mieux à ces conditions.

Le procédé White tend a réaliser les principes que nous venons d'exposer. Il cherche 1º. à obtenir d'un poids donné de matière première la plus grande quantité de combinaisons jouissant d'un grand pouvoir éclairant; 2º. à etablir une juste proportion entre ces combinaisons et les autres parties constituantes du mélange, de sorte que la combustion soit complète et non accompagnée de fumée; mais que d'un autre côté la quantité des gaz non éclairants ne devienne pas excessive, au détriment de la lumière produite; 3º. à favoriser, parmi les corps non éclairants, la formation de l'hydrogène, en restreignant autant que possible la production d'oxyde de carbone et d'hydrogène proto-carboné.

Ce ne sont pourtant pas ces vues scientifiques qui ont conduit M. WHITE à la découverte de sa méthode; elle ne doit sa naissance fortuite qu'à des essais faits dans le but d'apporter des améliorations aux procédés usuels. C'est à M. FRANKLAND qu'on

doit les usuels. C'est à M. FRANKLAND qu'on doit l'étude
minutieuse des diverses réactions qui s'opèrent entre les
gaz provenant de la décomposition de l'eau, les vapeurs
d'eau et les produits de la distillation de la houille.
Il a montré qu'il se passe une double réaction dans la
cornue où s'effectue la décomposition de l'eau, soit par
le coke, soit par le charbon de bois, de tourbe etc.
En premier lieu il y a production de volumes égaux
d'hydrogène et d'oxyde de carbone; puis une réaction
ultérieure entre les vapeurs d'eau et l'oxyde de carbone donne naissance à un autre volume d'hydrogène
et à un volume d'acide carbonique. Une partie de
l'oxyde de carbone échappe toutefois à cette transformation.

Le mélange gazeux ainsi constitué, et chargé encore
de vapeurs d'eau, passe dans la cornue à houille. Là
la presque totalité de l'acide carbonique disparaît, de
sorte qu'à sa sortie le mélange en renferme une proportion moindre que n'en contient le gaz ordinaire de
houille non épuré. Cette disparition tient sans doute
à l'action désoxydante des corps volatils riches en
carbone, et du coke, qui transformeront l'acide carbonique en oxyde de carbone. Pourtant la proportion de
ce dernier gaz ne s'élève finalement que de 6.58 à
20,44 p. c., et est en moyenne des résultats obtenus
par M. FRANKLAND, de 13,16 p. c. En comparant cette
proportion avec celle de l'hydrogène contenu dans le
gaz White, il devient évident, qu'une partie de l'oxyde
de carbone a dû disparaître ou que la quantité d'hydrogène a dû augmenter. Nous venons de voir en effet
que dans la cornue où se fait la décomposition de
l'eau, il y a d'abord production de volumes égaux d'hy-

drogène et d'oxyde de carbone, puis transformation de ce dernier gaz en acide carbonique. Si dans la seconde cornue tout se bornait à une nouvelle réduction de cet acide carbonique en oxyde, il est clair qu'on devrait retrouver le rapport primitif entre l'hydrogène et l'oxyde de carbone, c'est-à-dire des volumes égaux de chaque gaz.

Or il est loin d'en être ainsi, comme le montre le tableau suivant des quantités relatives obtenues par M. FRANKLAND dans différents essais :

	Oxyde de carbone.	Hydrogène.
n°. 1	14,86	47,59.
n°. 2	14,54	45,51.
n°. 5	15,02	55,09.
n°. 4	20,44	45,58.
n°. 5	15,59	44,26.

La proportion d'hydrogène surpasse donc en moyenne $3\frac{1}{4}$ fois celle de l'oxyde de carbone. L'oxyde de carbone ne peut être décomposé dans les conditions données, son oxygène ne pouvant être substitué par l'hydrogène. Il n'y a donc pas eu de diminution d'oxyde de carbone, et c'est la proportion d'hydrogène qui a dû augmenter. Nous ne connaissons pas encore assez bien l'action qu'exercent les vapeurs d'eau, lorsqu'elles viennent en contact, à des températures élevées, avec des matières organiques, pour que nous puissions indiquer avec certitude la cause de cet accroissement dans la production de l'hydrogène. Tout cependant porte à croire qu'il tient à une réaction de la vapeur d'eau sur les hydrocarbures des matières goudronneuses. Il est probable qu'à une haute température, l'eau peut céder son oxygène au carbone contenu dans une combinaison hydrogénée, aussi bien qu'au carbone libre; et dans ce cas ce n'est pas seulement l'hydrogène de l'eau qui sera dégagé, mais encore l'hydrogène qui était uni au carbone dans la substance décomposée. Que les vapeurs d'eau doivent exercer une action décomposante sur les vapeurs goudronneuses; qu'en même temps les gaz venus de la première cornue doivent entraîner des corps volatils formés dans la seconde, et qui sans cela se seraient déposés dans les condensateurs, c'est ce qu'on peut encore déduire de l'observation qu'il y a, dans le procédé White, une production beaucoup moins considérable de goudrons.

Toutes ces réactions diverses que nous venons d'exposer, ont nécessairement pour résultat une augmentation importante du volume de gaz obtenu. Dans les essais faits par M. FRANKLAND sur plusieurs espèces de houilles, l'augmentation, calculée par rapport au produit de chaque espèce dans la distillation sans vapeurs d'eau, s'est trouvée:

pour l'espèce n°. 1 [1]) de   47,9 p%.
»   »   n°. 2   » 290,6 »
»   »   n°. 3   » 174,8 »
»   »   n°. 4   » 176,2 »
»   »   n°. 5   »   45,8 »
»   »   n°. 6   »   48,8 »

c'est-à-dire qu'elle a varié de 45,8 à 290,6 p%.

[1]) Voyez pour la dénomination de ces espèces de charbon pag. 55 (note).

La quantité de lumière produite a aussi présenté un accroissement notable, savoir:

$$
\begin{array}{llll}
\text{pour l'espèce} & \text{n}^\text{o}.\ 1 & \text{de} & 35{,}9\ \text{p}^\text{o}._{/0} \\
\quad » \quad » & \text{n}^\text{o}.\ 2 & » & 82{,}4\ » \\
\quad » \quad » & \text{n}^\text{o}.\ 3 & » & 82{,}8\ » \\
\quad » \quad » & \text{n}^\text{o}.\ 4 & » & 108{,}6\ » \\
\quad » \quad » & \text{n}^\text{o}.\ 5 & » & 11{,}2\ » \\
\quad » \quad » & \text{n}^\text{o}.\ 6 & » & 42{,}8\ » \\
\end{array}
$$

ce qui veut dire que toute la quantité de gaz, obtenue d'un poids donné de charbon, étant brûlée, la somme de lumière développée serait de 11,2 à 108,6 p. c. plus grande si le procédé White était appliqué, que si le charbon eût été distillé sans intervention des vapeurs d'eau. Il résulte en outre de la comparaison des chiffres précédents, que l'accroissement de lumière n'est pas proportionnel à l'augmentation de volume; il est beaucoup moindre, de sorte qu'à volume égal le pouvoir éclairant du gaz fabriqué d'après la méthode White, sera plus faible que celui du gaz obtenu, de la même espèce de charbon, suivant le procédé ordinaire. En d'autres termes: pour produire une lumière d'égale intensité, il faut brûler un volume de gaz White d'autant plus grand que son pouvoir éclairant absolu est moins considérable.

J'ai décrit le procédé White avec quelques détails, parce que tout ce que j'en ai dit se rapporte également au système Leprince, lequel n'en est qu'une imitation. Le principe qui sert de base aux deux méthodes est le même; la seule différence qui existe entre elles tient à la construction et à l'établissement des cornues. M. WHITE opère la décomposition de l'eau dans une cornue séparée; M. LEPRINCE l'effectue dans une loge établie dans la même cornue où se fait la distillation de la houille.

La quantité d'eau employée est aussi un peu plus faible dans le procédé Leprince: l'eau n'y tombe que goutte à goutte sur le coke ou le charbon de bois, tandis qu'elle arrive sous forme d'un mince filet dans le procédé White. C'est sans doute à cette différence dans la quantité d'eau, qu'il faut attribuer la moindre proportion d'hydrogène et d'oxyde de carbone qui se trouve dans le gaz Leprince.

Afin d'examiner le pouvoir éclairant et la consommation du gaz Leprince et en même temps pour recueillir une quantité de gaz suffisante pour l'analyse, la détermination du poids spécifique etc. nous nous sommes rendus, M. PYLS et moi, à Verviers, où la fabrique de draps de M. SIMONIS est éclairée d'après ce système. Nous avons trouvé que dans cet établissement la consommation était de 240 litres par heure, sous une pression de $0^m,014$ d'eau, et avec un pouvoir éclairant de 12 bougies [1]), soit pour cent litres un pouvoir éclairant de 5 bougies. Le bec brûleur était cylindrique (bec d'Argand) et comptait 40 jets. Le charbon dont étaient chargées les cornues, était le charbon gras de Marihaye à Flemalle, près de Liége. M. LEPRINCE, qui nous accompagnait dans notre visite, assurait avoir constaté plusieurs fois un pouvoir lumineux supérieur à celui que nous venions d'obtenir, et il attribuait l'infériorité

---

[1]) Dans toutes les expériences photométriques que j'ai faites, je me suis servi de la même bougie.

de nos résultats à ce que le charbon employé à Verviers n'était pas de la qualité la plus convenable.

Il nous engagea en conséquence à aller répéter nos essais à l'usine de zinc de la Vieille-Montagne, où son gaz a été également introduit. Nous cédâmes à son désir, et cette nouvelle expérience nous donna les résultats suivants:

A une pression de $0^m,015$ d'eau la consommation était de 205 litres par heure, et le pouvoir éclairant de 15 bougies, en moyenne de deux observations faites à un certain intervalle de temps l'un de l'autre; ce qui donne pour cent litres de gaz une intensité lumineuse de 7,35 bougies. Le charbon employé était encore de Marihaye, mais d'une qualité supérieure à celui dont on faisait usage dans la fabrique de M. simonis, lors de nos essais.

Nous avons vu ci-dessus que le gaz à l'eau possède un pouvoir éclairant de 5,22 bougies, quand on se sert du bec le plus favorable, celui à 16 jets. La comparaison avec le gaz Leprince de la Vieille-Montagne, qui est obtenu dans les conditions voulues par M. leprince, montre que l'avantage de ce dernier système, sous le rapport de la lumière émise, est de 2,13 bougies, soit de 29 p%. Dans les essais auxquels nous assistâmes à la Vieille-Montagne, les cornues étaient chargées de 75 kilogr. de houille; la distillation était terminée en 3 à $3\frac{1}{2}$ heures; la production moyenne du gaz montait à 17,8—17,9 m. c. par cornue, soit à 237,3 litres par kilogramme de charbon [1]),

---

[1]) La différence entre les volumes de gaz obtenus par les procédés White et Leprince est très-considérable. La qualité du charbon y doit

ou à 5^{mc},52 (5^{mc},1 à 5^{mc},95) par heure et par cornue. La production moyenne du gaz à l'eau peut être évalué à 6^{mc} par heure et par cornue. Il faut encore remarquer ici que l'on est dispensé de vider les

------

être pour quelque chose. M. FRANKLAND a obtenu, en opérant d'après M. WHITE, par kilogr. de charbon employé:

n°. 1. Wigan cannelcoal . . . . 445,2 litres.
n°. 2. Boghead cannelcoal . . . . 1428 »
n°. 3. Lesmahago cannelcoal. . . . . 803,6 »
n°. 4. Methyl cannelcoal . . . . 728 »
n°. 5. New-Castle cannelcoal . . . . 388 »
n°. 6. Wigan cannelcoal (Balcarras) . . . . 425. »

Tous ces charbons ont été employés de la même manière, et cependant on voit de combien la quantité de gaz obtenu de l'excellente houille de Boghead, surpasse celle qu'a fournie la houille de New-Castle. Je ne crois pourtant pas que la supériorité du procédé White, sous ce rapport, tienne uniquement à la qualité du charbon. La quantité d'eau que M. LEPRINCE fait passer sur le coke, étant plus faible que celle que M. WHITE livre à la décomposition, ne pourra produire un volume de gaz aussi considérable, avec un poids égal de la même espèce de charbon. M. LEPRINCE prétend qu'un courant d'eau plus fort occasionnerait une trop grande réfrigération, et par suite une décomposition moins active de l'eau. Je peux très-bien me rallier à cette opinion; j'irai même plus loin en déclarant que d'après moi, l'infériorité du système LEPRINCE est dûe à l'insuffisance de la quantité de coke que peut contenir l'étroite loge qui lui est destinée. La masse de coke incandescent est trop minime pour qu'elle ne soit pas refroidie outre mesure par un courant d'eau plus fort: et d'un autre côté cette insuffisance est cause que les gaz, produits par la décomposition de l'eau, sont fournis en moindre proportion que n'en peut contenir, d'après les expériences de M. FRANKLAND, un gaz d'éclairage de bonne qualité. C'est bien une économie que d'effectuer la décomposition de l'eau dans la même cornue où se fait la distillation de la houille, au lieu de chauffer pour cela un appareil séparé; mais cette économie, on le voit, se paie bien cher.

cornues dans une usine de gaz hydrogène, tandis qu'il faut en extraire les cokes, après chaque opération, dans une fabrique de gaz de houille. Le chargement des cornues se renouvelle, dans le système Leprince, toutes les 3 ou 3½ heures; il ne se répète, en général, qu'au bout de 5 heures dans l'usine de gaz à l'eau.

ANALYSE DU GAZ LEPRINCE.

L'analyse a été faite de la manière suivante : L'oxyde de carbone a été déterminé par le proto-chlorure de cuivre ammoniacal, qui l'enlève (avec l'acide carbonique) en peu de temps. L'acide carbonique a été absorbé par une boule de potasse caustique, fixée à un fil de platine. Les hydrocarbures et l'hydrogène bicarboné ont été condensés par l'acide sulfurique fumant, dont était humectée une boule de charbon compacte portée par un fil de platine. Les vapeurs d'acides sulfurique et sulfureux, suspendues dans le gaz, ont été éloignées par une boule humide de peroxyde de manganèse (dépuré per l'acide sulfurique dilué).

L'hydrogène proto-carboné et l'hydrogène ont été déterminés par la combustion avec l'oxygène; les hydrocarbures et l'hydrogène bicarboné ayant été préalablement absorbés par l'acide sulfurique fumant, on pouvait calculer, au moyen de la quantité d'acide carbonique produite, la proportion de l'hydrogène proto-carboné; le volume de l'hydrogène se déduisait ensuite du volume de l'oxygène qui avait disparu.

Le volume d'hydrogène bicarboné, auquel équivalaient les hydrocarbures et l'hydrogène bicarboné contenus dans le gaz, en d'autres termes le volume de vapeur de carbone qu'ils renfermaient, fut trouvé par la combustion du gaz avec l'oxygène. Du volume d'acide carbonique obtenu, fut abstrait le volume de cet acide produit par l'hydrogène proto-carboné et l'oxyde de carbone; ce qui restait d'acide carbonique correspondait à la vapeur de carbone cherchée. L'oxygène qui avait été ajouté en excès fut absorbé par une boule de phosphore, puis l'acide phosphoreux par la potasse hydratée.

Pour faire mieux comprendre la méthode suivie, je vais donner une des analyses dans tous ses détails. Les volumes indiqués sont tous réduits à la température de 0° C. et à 0^m,760 de pression; lorsque les gaz ont été mesurés humides, déduction a été faite de la tension de la vapeur d'eau.

GAZ LEPRINCE, PRIS A VERVIERS.

Détermination de l'acide carbonique. (Le gaz était humide.)

Volume du gaz — 148 vol. De ce volume ont été absorbés par une boule de potasse caustique 1,8 vol.;

d'où 1,25 p$^0/_0$ d'acide carbonique.

Détermination de l'oxyde de carbone. (Le gaz était humide.)

Première expérience.

Volume du gaz 151. De ce volume ont été absorbés par le proto-chlorure de cuivre ammoniacal 15,87 vol. [1]);

---

[1]) Il va sans dire que les centièmes de division n'ont pu être observés dans les tubes gradués dont je me suis servi; ces chiffres sont obtenus par la réduction de la température, etc.

d'où 9,19 p% d'oxyde de carbone et d'acide carbonique.

Deuxième expérience.

Volume du gaz 125,5. De ce volume ont été absorbés par le proto-chlorure de cuivre ammoniacal 12,34 vol:

$$\text{d'où } 9,84 \text{ p\%;}$$

soit en moyenne des deux expériences 9,51 p% d'oxyde de carbone et d'acide carbonique.

Déduisant les 1,25 p% d'acide carbonique, on trouve pour la proportion d'oxyde de carbone 8,26 p% [1]).

---

[1]) La détermination de l'oxyde de carbone porte avec soi quelques difficultés sur lesquelles je dois fixer l'attention. Le gaz recueilli sur le mercure doit être rendu humide par quelques gouttes d'eau avant d'être mesuré. En y ajoutant ensuite le proto-chlorure de cuivre ammoniacal, il y a dilatation considérable, occasionnée par la plus grande tension des vapeurs ammoniacales, vapeurs qui ne peuvent être éloignées tant que le tube reste sur le mercure. On est donc obligé de le transporter dans un cylindre rempli d'eau; le mercure est alors remplacé par l'eau; cependant, on trouve encore toujours le volume du gaz plus grand qu'il ne l'était avant d'avoir ajouté la dissolution cuivreuse, ce qui tient à ce que celle-ci se mêle à l'eau qui vient prendre la place du mercure. Il est donc indispensable, pour que l'absorption des vapeurs ammoniacales soit complète, d'enlever cette eau. Je me suis servi dans ce but d'un tube à gaz D'ETTLING. Après avoir éloigné trois ou quatre fois l'eau du tube, le volume ira en diminuant successivement; une heure plus tard on pourra le mesurer sur l'eau, et si après une autre heure écoulée, le volume n'a pas changé, la température et la pression étant restées les mêmes, on pourra déterminer la quantité de gaz absorbée. J'ai fait ces expériences dans mon grand auditoire, qui n'était pas chauffé et dont la température était restée constamment à 7° C.

Détermination des hydrocarbures. (Le gaz était séché).

Volume du gaz 191. Par l'acide sulfurique fumant et le peroxyde de manganèse, employés de la manière décrite, ont été absorbés 16 vol.;

d'où 8,37 p% d'hydrocarbures.

Détermination de l'hydrogène et de l'hydrogène proto-carboné. (Les hydrocarbures et l'acide carbonique, ainsi que les vapeurs d'eau, étaient éloignés).

79,5 volumes de gaz ont été brûlés successivement avec 50,5, 64,6 et 52,3 $=$ 127,4 volumes d'oxygène. Dans le mélange gazeux fut introduite une boule de potasse caustique, qui absorba 54,9 vol. d'acide carbonique. Il faut en déduire $\dfrac{79,5 \times 8,26}{100 - (1,25 + 8,37)} = 7,26$ vol. d'acide carbonique produits par la combustion des 7,26 vol. d'oxyde de carbone contenus dans le gaz. Restent alors 47,64 vol. d'acide carbonique, représentant 47,64 vol. d'hydrogène proto-carboné.

Une boule de phosphore absorba encore 16,5 vol. d'oxygène. Il resta des traces d'azote.

Les 127,4 vol. d'oxygène se répartissent ainsi:

pour les 47,64 vol. d'hydrogène proto-
    carboné . . . . 95,28 vol.

   »   7,26 »   d'oxyde de carbone . 3,63 »

oxygène ajouté en excès et absorbé par le
    phosphore . . . . 16,50 »

                total . . . 115,21 vol.

60

Il reste donc 127,4—115,21, soit 12,2 vol. d'oxygène, qui ont servi à brûler l'hydrogène, et correspondent à 24,4 vol. de ce gaz.

Les 79,5 vol. de gaz étaient donc composés de:

$$
\begin{array}{lr}
\text{Hydrogène proto-carboné . . } & 47,64 \text{ vol.} \\
\text{Hydrogène . . . . } & 24,40 \text{ »} \\
\text{Oxyde de carbone . . . . } & 7,26 \text{ »} \\
\text{Azote . . . . } & \text{traces.} \\
\text{Pertes . . . . } & \underline{0,20} \\
& 79,50.
\end{array}
$$

Détermination du volume d'acide carbonique, produit par la combustion des hydrocarbures avec l'oxygène.

62 vol. du gaz, séché et exempt d'acide carbonique, furent brûlés successivement avec 36,5, 48,5 et 24 $=$ 109 vol. d'oxygène. La boule de potasse caustique enleva au résidu 54,5 vol. d'acide carbonique.

L'hydrogène proto-carboné et l'oxyde de carbone contenus dans 62 vol. de gaz exempt d'acide carbonique, font naître par leur combustion $\dfrac{54,16\,^{1)} \times 62}{100-1,25} + \dfrac{8,26 \times 62}{100-1,25} =$ 39,29 vol. d'acide carbonique. En déduisant ces 39,29 vol. des 54,5 vol. trouvés, il reste 15,01 vol. d'acide carbonique produit par les hydrocarbures. Les 62 vol. de gaz privé d'acide carbonique correspondant à 62 + 0,77 vol. du gaz renfermant encore cet acide, on obtient $\dfrac{15,01 \times 100}{62,77} =$ 25,91 vol. pour l'acide car-

---

[1]) Voyez à la page suivante la composition en centièmes.

bonique fourni par les hydrocarbures, qui sont contenus dans 100 vol. de gaz. Cela représente $\dfrac{23,91}{2} = 11,95$ vol. d'hydrogène bicarboné, pour l'équivalent des 8,37 vol. d'hydrocarbures trouvés précédemment, et $\dfrac{23,91}{8,37} = 2,86$ vol. d'acide carbonique pour chaque volume d'hydrocarbures.

La composition du gaz, exprimée en centièmes, est donc la suivante :

Hydrocarbures . . . . $8,37$ p⁰/₀ = 11,95 p⁰/₀
  d'hydrogène bicarboné.

Hydrogène proto-carboné :

$$47,64 \times \frac{100 - (8,37 + 1,25)}{79,5} = 54,16 \ »$$

Hydrogène :

$$24,4 \times \frac{100 - (8,37 + 1,25)}{79,5} = 27,74 \ »$$

Oxyde de carbone . . . . $8,26$ »
Acide carbonique . . . . $1,25$ »
Azote . . . . des traces
Pertes . . . . $0,22$ p⁰/₀
                  $100,00.$

Détermination du poids spécifique.

La capacité du ballon, mesurée par le mercure, était de 92,4 centimètres cubes.

Rempli d'air sec, à une pression de 0ᵐ,771 et à 8°,5 C. le ballon pesait 14ᵍʳ,4422.

92,4 c. c. d'air à 0ᵐ,771 de pression et à 8°,5 C. = 90,9 c. c. à 0ᵐ,760 de pression et à 0° C.

90,9 c. c. d'air à $0^m,760$ de pression et à $0°$ C. pèsent $90,9 \times 0^{gr},001293 = 0^{gr},1175$.

Rempli du gaz séché, à $0^m,771$ de pression et à $8°$ C., le ballon pesait $14^{gr},3887$, soit $0^{gr},0535$ moins qu'il ne pesait rempli d'air.

Les 92,4 c. c. du gaz pèsent donc $0^{gr},1175 - 0^{gr},0535 = 0^{gr},064$.

92,4 c. c. du gaz à $0^m,771$ de pression et à $8°$ C. $= 91,06$ c. c. à $0^m,760$ de pression et $0°$ C.

1 c. c. du gaz pèse donc $\dfrac{0,064}{91,06} = 0^{gr},0007028$;

d'où le poids spécifique du gaz $\dfrac{0,0007028}{0,001293} = 0,545$.

GAZ LEPRINCE, PRIS A L'USINE DE LA VIEILLE-MONTAGNE.

En employant les mêmes méthodes pour l'analyse et pour la détermination du poids spécifique de ce gaz, j'ai trouvé les résultats suivants:

La composition était:

Hydrocarbures	9,023 p% =	13,44 p%
d'hydrogène bicarboné.		
Hydrogène proto-carboné.	58,410	»
Hydrogène	25,250	»
Oxyde de carbone . . .	6,503	»
Acide carbonique . . .	0,307	»
Azote		des traces.
Pertes	0,707	»
	100,000 p%.	

1 vol. d'hydrocarbures donnait 2,98 vol. d'acide carbonique.

Le poids spécifique du gaz était de 0,541.

Le pouvoir éclairant du gaz de la Vieille-Montagne a été trouvé, on se le rappelle, plus considérable que celui du gaz de Verviers. L'analyse montre que cela tient à la plus grande proportion des hydrocarbures et à leur plus grande teneur en vapeur de carbone, la combustion d'un volume d'hydrocarbures fournissant, dans les deux cas, respectivement 2,98 et 2,86 vol. d'acide carbonique. Cette production plus abondante de gaz éclairants est due sans doute à la qualité meilleure du charbon employé à la Vieille-Montagne.

La plus grande différence en composition entre le gaz White et le gaz Leprince se trouve dans les quantités relatives d'hydrogène et d'hydrogène proto-carboné. Pour le gaz White c'est toujours le premier qui domine considérablement ; sa proportion atteint généralement le double, quelquefois même le triple de celle de l'hydrogène proto-carboné. Dans le gaz Leprince au contraire l'hydrogène proto-carboné surpasse le plus souvent deux fois le volume de l'hydrogène. Sous ce rapport le gaz Leprince se rapproche du gaz ordinaire obtenu sans l'intervention des vapeurs d'eau. M. FRANKLAND en effet, ayant, dans ses essais sur la méthode White, expérimenté comparativement sur les mêmes espèces de charbon distillées sans l'addition des gaz à l'eau, trouva toujours dans ce cas la proportion d'hydrogène proto-carboné supérieure à celle de l'hydrogène, tandis que le contraire a lieu, comme nous venons de le voir, lorsque les produits de la décompo-

sition de l'eau sont utilisés. Cette influence des gaz à
l'eau est mise en évidence par le tableau suivant, emprunté au travail de M. FRANKLAND:

Espèce de charbon.	Hydrogène.		Hydrogène proto-carboné.	
	Sans vapeurs d'eau.	Avec des vapeurs d'eau.	Sans vapeurs d'eau.	Avec des vapeurs d'eau.
Nº. 1	35,94	47,39	41,99	27,20
» 2	10,54	45,51	58,38	22,55
» 3	26,84	55,09	42,01	18,94
» 4	55,52	45,58	58,75	22,89
» 5	55,50	44,26	41,38	26,84

L'inspection de ces nombres démontre clairement
combien le procédé White atteint au but désiré, de
remplacer autant que possible l'hydrogène proto-carboné
par l'hydrogène, afin que le gaz destiné à l'éclairage,
sans rien perdre de son pouvoir lumineux, produise
la plus petite quantité d'acide carbonique, consomme
le plus petit volume d'oxygène, et échauffe le moins
possible l'air des appartements qu'il est appelé à éclairer. Le gaz Leprince satisfait moins bien à ces conditions; toutefois il dépendra de M. LEPRINCE de s'en
rapprocher, en construisant ses cornues de manière à
ce qu'un volume de coke plus grand décompose une
quantité d'eau plus considérable. En même temps qu'il
produira ainsi un gaz de meilleure qualité, il l'obtiendra en plus grande abondance; le prix de revient d'un
gaz meilleur aura donc baissé.

D'autres améliorations pourraient encore contribuer
à atteindre ce résultat, non moins favorable aux intérêts du producteur que des consommateurs. C'est ainsi
que la température à la quelle sont portées les cornues,

ne me semble guère moins élevé que celle à laquelle
sont chauffées les cornues dans l'usine de gaz à l'eau.
Je ne comprends pas très-bien les motifs de cette haute
température; c'est tout en contradiction avec la théorie,
et, qui plus est, avec l'expérience. Des essais faits par
M. FRANKLAND il ressort avec évidence, que le pouvoir
éclairant du gaz obtenu d'une même espèce de charbon est d'autant plus considérable que la température
des cornues a été relativement plus basse; le gaz est
alors plus riche en hydrocarbures volatils qu'il entraine et tient en suspension.

M. LEPRINCE demande de ses cornues à la fois la décomposition de l'eau et la distillation de la houille; si
c'est pour qu'elles puissent remplir cette double fonction, qu'il se croit obligé de pousser le chauffage si
loin, ce serait un motif de plus pour apporter quelques
modifications à la construction de ces cornues.

COMPARAISON DES DIFFÉRENTS GAZ.

Si nous comparons maintenant, quant à leurs propriétés comme moyens d'éclairage, le gaz à l'eau, le
gaz de houille et le gaz mixte, nous devons reconnaître que le premier l'emporte de beaucoup.

En premier lieu cette supériorité est de toute évidence au point de vue de l'hygiène publique. De l'usine
même, où se fabrique le gaz à l'eau, il n'émane aucune odeur; on n'y sent absolument rien, par la raison
bien simple qu'il ne s'y produit aucune substance douée
d'odeur. Chacun sait au contraire combien les émanations d'une usine à gaz de houille incommodent, dans

un rayon assez étendu, les habitations voisines et en
déprécient la valeur. Souvent les terrains qui entourent
l'usine en sont pénétrés; la végétation dans ces terrains languit ou périt; les eaux filtrées par eux deviennent insalubres. Aussi ne peut-on qu'applaudir au dé-
cret par lequel la police parisienne a ordonné, que toutes
les usines à gaz de houille fussent transportées, dans
un temps donné, hors de l'enceinte de la ville. J'ai
assisté à Narbonne au curage des épurateurs; pendant cette opération on ne perçoit aucune odeur,
tandis que dans une fabrique de gaz de houille, les
ouvriers chargés de ce travail sont exposés à des émanations fétides et nuisibles d'ammoniaque, d'hydro-
sulfate d'ammoniaque et de produits cyanurés assez
dangereux.

Le gaz à l'eau contient moins d'oxyde de carbone
que le gaz de houille ou le gaz mixte; or l'oxyde de
carbone ayant des propriétés éminemment asphyxian-
tes, on conçoit que dans le cas où il y aura des fuites,
le danger d'asphyxie sera d'autant moins grand que
la proportion de ce gaz est moins élevée.

La combustion du gaz à l'eau ne donne naissance qu'à
des vapeurs d'eau et à une petite quantité d'acide carbonique, provenant de l'oxyde de carbone et de la minime proportion d'hydrogène proto-carboné qu'il renferme. Le gaz
de houille et le gaz mixte, même épurés au dernier degré,
produisent une quantité d'acide carbonique beaucoup
plus considérable; d'abord parce qu'ils contiennent une
plus grande proportion d'oxyde de carbone, ensuite
parce que, dans le cas d'une combustion complète,
tout le carbone des carbures d'hydrogène (lesquels
constituent le principe essentiel du gaz d'éclairage or-

dinaire) est transformé en acide carbonique. La production de cet acide sera moindre, il est vrai, dans le cas d'une combustion incomplète; mais alors la partie du carbone qui échappera à l'action de l'oxygène, se présentera sous forme d'une fumée noire, poisseuse, désagréable à respirer et ternissant les objets qui se trouvent à sa portée.

Pour appuyer par des chiffres ce que nous venons de dire, prenons les analyses du gaz de houille et du gaz mixte, et calculons les proportions correspondantes d'acide carbonique.

L'analyse du gaz de houille parfaitement épuré, faite par M. HENRY, a donné pour 100 volumes:

```
Hydrogène bicarboné et carbures . . . . . . . 8,6
Hydrogène proto-carboné . . . . . . . . . . 77,4
Oxyde de carbone . . . . . . . . . . . . . 14
```

Les 8,6 vol. d'hydrogène bicarboné produiront . . . . . 17,2 vol. d'acide carbonique.
Les 77,4 vol. d'hydrogène proto-carboné produiront . . . . . 77,4 » » »
Les 14 vol. d'oxyde de carbone produiront . 14,0 » » »
____
108,6 » « »

Quant au gaz Leprince, prenons pour point de départ celui de la Vieille-Montagne dont nous avons fait connaître la composition pag. 62.

Les 9,025 p% d'hydrocarbures, équivalents

à 15,44 d'hydrogène bi-
carboné, produiront . 26,88 p% d'acide carbonique.
Les 58,41 d'hydrogène
proto-carboné produi-
ront . . . . . . 58,41 »   »   »
Les 6,303 d'oxyde de car-
bone produiront . . 6,30 »   »   »
Les 0,3 d'acide carboni-
que produiront . . . 0,30 »   »   »
____
91,89 »   »   »

Ainsi donc l'acide carbonique dégagé par la combustion de 100 vol. de gaz ayant subi une purification
complète, s'élève à 108,6 vol. pour le gaz de houille,
et à 91,89 vol. pour le gaz Leprince. Dans les mêmes
conditions le gaz à l'eau ne dégage qu'une quantité
d'acide carbonique presque insignifiante. Si au lieu
d'admettre une purification complète, nous supposons
maintenant que les trois gaz n'ont été épurés qu'in-
complétement, ce qui pour le gaz de houille, comme
pour le gaz mixte, est le cas presque général, la
préférence à donner au gaz à l'eau deviendra encore
beaucoup plus prononcée. Il n'en résulterait pour ce
dernier qu'une proportion d'acide carbonique un peu
plus forte, proportion qui ne dépasserait pas 33 p%,
même si le gaz n'avait pas été purifié du tout, et en
supposant que dans cet état il pût être employé à
l'éclairage, ce qui n'est pas le cas. Au contraire le
gaz de houille et le gaz mixte, mal épurés, ne don-
neraient pas seulement une quantité d'acide carbonique encore plus considérable que celle que nous venons

de calculer dans la première hypothèse; ils renferme-
raient en outre, en proportions plus ou moins grandes,
du gaz sulfhydrique, du sulfure de carbone et de l'ammoniaque. Le gaz souillé des ces substances étrangères
a une odeur fort désagréable; il exerce une action fâcheuse sur l'économie, attaque et noircit les métaux,
les bronzes, l'argenterie, les dorures fausses, plusieurs
objets de luxe, les peintures à base d'oxyde de plomb,
et fait éprouver une altération sensible aux couleurs
délicates de nos étoffes. On objectera que tous ces inconvénients — dont le gaz à l'eau même impur n'offre
pas de trace — peuvent être évités, en employant des
méthodes d'épuration plus énergiques, telles que la
science en a fait connaître. Il est vrai que parmi ces
différentes méthodes il y en a qui, sans présenter dans
leur application des difficultés de quelque importance,
sont d'une efficacité merveilleuse. Elles sont très-bien
connues des compagnies gazières, mais, à quelques
exceptions près, elles ne sont jamais usitées.

A Paris même, nommé le centre de la civilisation
et du comfort, la purification du gaz n'est exécutée,
dans la plupart des usines, qu'au moyen de la chaux.
Pour se convaincre combien cette méthode y laisse à
désirer, on n'a qu'à passer une soirée à l'Opéra impé-
rial; dans cette salle splendide, où se trouve réuni
tout ce que Paris renferme d'élevé, de délicat et de
beau, il se répand à chaque instant une odeur infecte,
sujet de plaintes continuelles et générales.

Le gaz à l'eau possède un autre avantage réel sur
ses deux rivaux. Dans un appartement éclairé par le
gaz de houille, on se trouve assez fréquemment in-
commodé par la chaleur de l'atmosphère; l'éclairage

au gaz à l'eau produit une élévation de température beaucoup plus faible. En effet le mètre cube de gaz de houille donnera par sa combustion 9139 unités de chaleur, le mètre cube du gaz mixte Leprince en développera 8565, et un volume égal de gaz à l'eau ne fournira que 3070 unités.

Les chaleurs produites par la combustion à volumes égaux, du gaz à l'eau, du gaz Leprince et du gaz de houille, seront donc dans le rapport des nombres 1: 2,78: 2,98. Je ne puis nier que, pour alimenter un bec d'égale dimension, il ne faille consommer un peu plus d'hydrogène que de gaz de houille, ou de gaz Leprince; mais en supposant même que le volume d'hydrogène brûlé soit une et demi fois plus grand, ce qui est exagéré, la quantité de chaleur dégagée ne sera encore qu'à peu près la moitié de celle qui est produite par les deux autres gaz.

L'absence de toute émanation de gaz sulfhydrique ou sulfureux, permet l'emploi des réflecteurs dans l'éclairage au gaz à l'eau, et lui constitue ainsi une supériorité marquée pour les cas où il s'agit de projeter la lumière à une grande distance, comme par exemple dans les phares des ports de mer. C'est surtout aux phares que cet éclairage parait éminemment approprié; non seulement sa lumière est vive, pénétrante et susceptible d'être renforcée par l'usage de réflecteurs, mais encore il pourra résister aux plus violents ouragans; si même la flamme venait à être éteinte momentanément, le coup de vent passé, la lumière ne tarderait pas à reparaître.

Cette assertion est basée sur une expérience curieuse que j'ai répétée plusieurs fois à Narbonne. La mèche de platine étant chauffée à blanc, on ferme subitement le robinet; en le rouvrant cinq minutes plus tard, la mèche commence à rougir, puis l'hydrogène s'enflamme et au bout de quelques secondes la lumière blanche a reparu. C'est là une propriété très-précieuse pour l'application indiquée.

Chacun sait combien est ennuyeux ce bourdonnement, ce sifflement continuel, qui accompagne l'écoulement du gaz de houille des becs brûleurs. Le gaz hydrogène s'échappe sans produire le moindre son; il brûle tranquillement sans faire entendre cette musique monotone.

La lumière du gaz à l'eau jouit encore d'un avantage assez précieux, celui de ne pas changer les couleurs; elle permet de distinguer aisément le bleu, le vert, le jaune, propriété dont est destituée la lumière produite par la combustion du gaz de houille, du gaz mixte et des autres substances généralement employées à l'éclairage.

Il est connu en physique que pour deux gaz de densité différente, soumis à la même pression, la vitesse d'écoulement est en raison inverse des racines carrées des densités. Le gaz hydrogène étant beaucoup plus léger que le gaz ordinaire de houille et le gaz Leprince, et partant son écoulement, sous la même pression, étant plus accéléré, il semble que l'on pourra employer, pour le distribuer, des conduites d'une moindre dimension, et faire ainsi, dans la construction de l'usine avec ses dépendances, une économie assez notable. Cette économie cependant ne sera pas aussi considérable qu'elle le paraît au premier abord. Pour se faire une opinion à cet égard, il faut soumettre la question à un calcul exact, et nous allons donner ici ce calcul dans tous ses détails.

La vitesse d'écoulement d'un gaz par un orifice, pratiqué dans une mince paroi d'un gazomètre, s'exprime par la formule $v = \sqrt{2g\,\mathrm{H}'}$, dans laquelle H' est la hauteur d'une colonne de ce gaz, qui occasionne l'écoulement. Soit donc:

H la hauteur en mètres d'une colonne de mercure, équivalant à la colonne d'eau dans le manomètre du gazomètre;

b la pression atmosphérique;

$b + \mathrm{H}$ la pression du gaz dans le gazomètre;

δ le poids spécifique du gaz (air $= 1$) à la température de $0°$ C. et à la pression de $0^m,76$;

α le coëfficient de dilatation du gaz;

t sa température.

La colonne de mercure H équivaut à une colonne d'air de $10466\,\mathrm{H}$, ou à une colonne de gaz

$$\mathrm{H}' = 10466\,\mathrm{H}\,\frac{0,76\,(1 + \alpha t)}{(b + \mathrm{H})\,\delta} = 7954\,\frac{(1 + \alpha t)\,\mathrm{H}}{(b + \mathrm{H})\,\delta};$$

en substituant cette valeur dans la formule $v = \sqrt{2g\,\mathrm{H}'}$ on trouve après quelques réductions

$$v = 395\,\sqrt{\frac{(1 + \alpha t)\,\mathrm{H}}{(b + \mathrm{H})\,\delta}}$$

Pour avoir la vitesse effective, il faut, d'après les expériences de M. D'AUBUISSON, multiplier v par un facteur m, qui est:

0,65 pour les orifices en mince paroi,

0,95 pour les ajutages cylindriques,
0,95 pour les ajutages coniques.

Pour les conduites de gaz il faudra donc prendre le facteur 0,95, de sorte que la vitesse effective est indiquée par la formule

$$v = 367 \sqrt{\frac{(1 + \alpha t)\,H}{(b + H)\,\delta}} \quad \ldots \ldots \quad (1)$$

Le gaz d'éclairage ne s'écoulant pas par un orifice pratiqué dans une mince paroi, mais devant parcourir une longue suite de tuyaux, il faut tenir compte du frottement qu'il éprouve pendant tout ce parcours. Les lois de cette résistance ont été déterminées par M. d'AUBUISSON par une longue série d'expériences, qui ont montré, qu'elle est proportionnelle à la longueur de la conduite, proportionnelle au carré de la vitesse et en raison inverse du diamètre de la conduite. Il est clair que cette résistance pourra être indiquée par la différence entre la pression près de l'origine de la conduite, et celle, qui détermine l'écoulement par l'orifice à l'extrémité de la conduite. Soit donc

H la pression indiquée par le manomètre du gazomètre;
h la pression près de l'orifice;
b la hauteur barométrique;
L la longueur de la conduite;
D le diamètre de la conduite;
d le diamètre de l'orifice, par lequel l'écoulement a lieu;

v la vitesse d'écoulement par cet orifice;
v' la vitesse moyenne dans la conduite.

Comme la différence de pression H—h exprime la résistance, on aura

$$H—h = n . \frac{L\,v'^{2}}{D}, \quad \ldots \ldots \ldots \ldots (2)$$

n étant un coefficient, qu'il faudra déterminer par des expériences. Pour trouver la valeur de v', il faut qu'on observe d'abord que, la conduite ayant à son orifice une section beaucoup plus petite que dans le reste de son étendue, la vitesse moyenne devra être moindre que v dans le rapport des carrés des diamètres, et que par conséquent v devra être multiplié par le rapport $\frac{d^{2}}{D^{2}}$. De plus, en admettant que la pression diminue proportionnellement à la longueur de la conduite, la pression moyenne sera $b + \frac{1}{2}(H + h)$, ou si l'on pose $\frac{1}{2}(H + h) = h'$, $b + h'$; la vitesse devra par conséquent être multipliée par le facteur $\frac{b + h}{b + h'}$, de sorte qu'on aura

$$v' = \frac{d^{2}}{D^{2}} \cdot \frac{b + h}{b + h'} \cdot v.$$

Cette valeur étant substituée dans la formule (2), on trouve

$$H—h = n . \frac{L}{D} \cdot \frac{d^{4}}{D^{4}} \cdot \frac{(b + h)^{2}}{(b + h')^{2}} v^{2}.$$

Si pour v on substitue la valeur indiquée par la formule (1), on a

$$\mathrm{H} - h = 367^2 . n \; \frac{\mathrm{L}\, d^4\, (b + h)\, (1 + \alpha t)\, h}{\mathrm{D}^5\, (b + h')^2\, \delta}$$

La différence entre $b + h$ et $b + h'$ n'étant que minime pour les faibles pressions dans les conduites de gaz, le rapport $\dfrac{b + h}{b + h'}$ pourra être remplacé par l'unité, de sorte que

$$\mathrm{H} - h = 367^2 . n \; \frac{\mathrm{L}\, d^4\, h\, (1 + \alpha t)}{\mathrm{D}^5\, \delta\, (b + h)}$$

D'après les expériences de M. D'AUBUISSON le facteur $367^2 . n$ est égal à 0,01603; la résistance sera donc exprimée par la formule

$$\mathrm{H} - h = 0{,}01603 \; \frac{\mathrm{L}\, d^4\, h\, (1 + \alpha t)}{\mathrm{D}^5\, \delta\, (b + h)} \; \ldots \ldots (3)$$

Cette valeur de $\mathrm{H} - h$ montre, que la résistance est en raison inverse de la densité du gaz. Quoiqu'il puisse paraître étrange, qu'un gaz moins dense éprouve une plus grande résistance, ce fait s'explique complétement, si l'on considère que la résistance est proportionnelle au carré de la vitesse, tandis que celle-ci est, d'après la formule (1), en raison inverse de la racine carrée de la densité.

Pour trouver la valeur de h au moyen de la formule (3), il faudrait résoudre une équation du second degré. Toutefois on peut la simplifier en remplaçant le facteur $\dfrac{1}{b+h}$ par un nombre constant, ce qui pourra se faire sans erreur notable, parce que la pression h est très-petite par rapport à b, et que la diminution, que sa valeur pourrait subir, n'exercera par conséquent presque aucune influence sur la valeur de ce facteur. De même, si l'on ne compare entre eux que des cas dans lesquels la température a été sensiblement la même, le facteur $1 + \alpha t$ pourra être remplacé par un facteur constant. Posons par conséquent $b = 0,^{m}758$, $h = 0,^{m}002$, $t = 20^{\circ}$ C, $\alpha = 0,00367$; on trouvera

$$\frac{1 + \alpha t}{b + h} = 1,412.$$

La résistance sera donc indiquée par la formule

$$\mathrm{H} - h = 0,0228 \, \frac{\mathrm{L}\, d^{4}\, h}{\mathrm{D}^{5}\, \delta} \quad \ldots \ldots \quad (4)$$

d'où l'on déduit

$$h = \frac{\mathrm{H}}{0,0228 \, \dfrac{\mathrm{L}\, d^{4}}{\mathrm{D}^{5}\, \delta} + 1} \quad \ldots \ldots \quad (5)$$

En substituant la valeur $\dfrac{1 + \alpha t}{b + h} = 1,412$ dans la formule (1), on trouve

$$v = 435 \sqrt{\frac{h}{\delta}} \ \ldots \ldots \ (6)$$

ou, en remplaçant h par la fonction (5), après quelques réductions,

$$v = 2883 \sqrt{\frac{H D^5}{L d^4 + 44 D^5 \delta}} \ \ldots \ (7)$$

La quantité Q de gaz, qui s'écoule pendant une seconde, étant exprimée par $\dfrac{\pi}{4} d^2 v$, on aura

$$Q = 2264 \sqrt{\frac{H D^5}{L + 44 \delta \dfrac{D^5}{d^4}}}$$

ou, si H est exprimé par une colonne d'eau, au lieu d'une colonne de mercure, si D et d sont donnés en centimètres et Q en litres,

$$Q = 6{,}14 \sqrt{\frac{H D^5}{L + 0{,}44 \delta \dfrac{D^5}{d^4}}} \ \ldots \ldots \ (8)$$

Si la conduite de gaz n'a pas le même diamètre sur toute son étendue, ces formules doivent subir quelques modifications.

Supposons qu'on se soit servi de trois sortes de tuyaux, ayant pour diamètres D, D_1, et D_2, et que les tuyaux du diamètre D soient posés depuis A jusqu'en B sur une longueur de L mètres; les tuyaux du diamètre D,

depuis B jusqu'à C sur une distance de L_1 mètres;
ceux du diamètre D_2 depuis C jusqu'en O sur une lon-

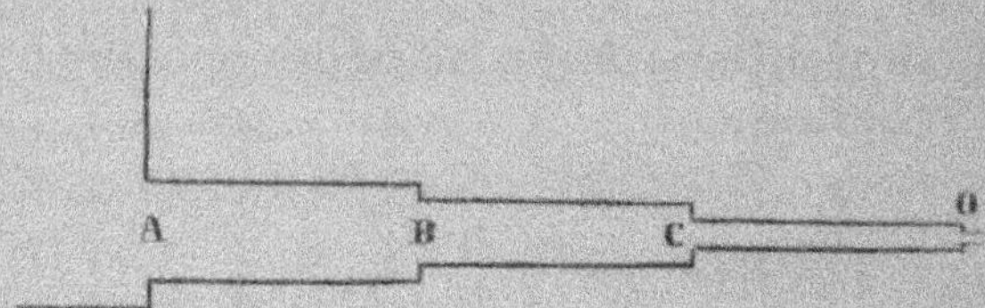

gueur de L_2 mètres, tandis que le gaz s'écoule en O
par un orifice, dont le diamètre est d. Si les pressions
dans les points A, B, C, O sont indiquées par H, H_1,
H_2, h, nous aurons pour les résistances, d'après la
formule (2)

$$H - H_1 = n.\frac{L\,v'^2}{D},$$

$$H_1 - H_2 = n.\frac{L_1 v_1'^2}{D_1},$$

$$H_2 - h = n.\frac{L_2 v_2'^2}{D_2},$$

v', v_1', v_2' étant les vitesses moyennes dans les tuyaux AB, BC, CO. Si pour calculer ces vitesses nous
négligeons l'influence de la différence de densité, occasionnée par la différence des pressions aux deux extrémités de chaque tuyau (AB, BC ou CO), nous n'aurons
à tenir compte que du changement du diamètre; nous
aurons par conséquent

$$v_2' = \frac{d^2}{D_2{}^2}\,v,\ v_1' = \frac{D_2{}^2}{D_1{}^2}\,v_2' = \frac{d^2}{D_1{}^2}\,v,$$

$$v' = \frac{D_1{}^2}{D^2}\,v_1' = \frac{d^2}{D^2}\,v,$$

v étant la vitesse d'écoulement à l'extrémité O.

Les résistances seront donc exprimées par

$$H - H_1 = n. \ \frac{L \, d^4}{D^5} \ v^2,$$

$$H_1 - H_2 = n. \ \frac{L_1 \, d^4}{D_1^{\ 5}} \ v^2,$$

$$H_2 - h = n. \ \frac{L_2 \, d^4}{D_2^{\ 5}} \ v^2,$$

d'où l'on déduit pour la résistance totale

$$H - h = n \ \left(\frac{L}{D^5} + \frac{L_1}{D_1^{\ 5}} + \frac{L_2}{D_2^{\ 5}} \right) \ d^4 \, v^2.$$

En substituant pour v la valeur indiquée par la formule (6), on trouve

$$H - h = 0{,}0228 \left(\frac{L}{D^5} + \frac{L_1}{D_1^{\ 5}} + \frac{L_2}{D_2^{\ 5}} \right) \frac{d^4 \, h}{\delta} \ \ldots \ldots \ (9)$$

$$h = \frac{H}{0{,}0228 \left(\dfrac{L}{D^5} + \dfrac{L_1}{D_1^{\ 5}} + \dfrac{L_2}{D_2^{\ 5}} \right) \dfrac{d^4}{\delta} + 1} \ \ldots (10)$$

$$v = 2883 \ \sqrt{\ \frac{H}{\left(\dfrac{L}{D^5} + \dfrac{L_1}{D_1^{\ 5}} + \dfrac{L_2}{D_2^{\ 5}} \right) \ d^4 + 44 \, \delta}} \ \ldots (11)$$

tandis que la quantité de gaz fourni en une seconde sera exprimée par

$$Q = 6{,}14 \sqrt{\dfrac{H}{\dfrac{L}{D^5} + \dfrac{L_1}{D_1{}^5} + \dfrac{L_2}{D_2{}^5} + \dfrac{0{,}44\,\delta}{d^4}}} \quad \ldots \ldots (12)$$

où Q est exprimé en litres, H par une colonne d'eau (en mètres), L L_1 L_2 en mètres, D, D_1, D_2 et d en centimètres.

Les formules (8) et (12) montrent que la pression étant la même, la quantité de gaz écoulée sera moindre, si le gaz est plus dense. En appliquant ces deux formules à un même cas, on trouvera que la diminution occasionnée pas la résistance dans les tubes étroits, se fait sentir au contraire le plus pour le gaz, dont le poids spécifique est moindre.

Pour rendre les formules démontrées ci-dessus plus pratiques, nous supposerons que la quantité de gaz nécessairepour alimenter un certain nombre de becs, soit connue, ainsi que la pression et la densité du gaz et le diamètre de l'orifice d'écoulement; et qu'on demande à calculer, au moyen de ces données, le diamètre de la conduite, que nous supposerons le même sur toute sa longueur. Si Q est la quantité de gaz requise par seconde, d le diamètre de l'orifice par lequel il s'écoule, et v la vitesse d'écoulement, nous aurons

$$v = \frac{4\,Q}{\pi\,d^2}$$

En substituant cette valeur dans la formule pour la pression déduite de (6), $h = \dfrac{v^2\,\delta}{(455)^2}$, nous aurons

$$h = 0{,}0000856725 \; \frac{Q^2 \, \delta}{d^4}$$

Dans cette formule h est donné en colonne de mercure, exprimé en mètres, Q en mètres cubes, d en mètres. Si, pour se conformer à la pratique, on exprime h en colonne d'eau (en mètres), Q en litres, d en centimètres, elle deviendra

$$h = 0{,}011648 \; \frac{Q^2 \, \delta}{d^4} \; \ldots \ldots \ldots \; (13)$$

qui nous donnera la pression du gaz près de l'orifice. H étant la pression du manomètre du gazomètre, la résistance H—h sera connue, et la formule (4) nous donnera après quelques réductions, nécessaires pour le changement de mesures indiqué ci-dessus,

$$H - h = 2{,}28 \; \frac{L \, d^4 \, h}{D^5 \, \delta};$$

en substituant la valeur de h, indiquée par (13),

$$H - h = 0{,}026557 \; \frac{L \, Q^2}{D^5}$$

d'où l'on déduit

$$D = \sqrt[5]{\frac{0{,}026557 \, L \, Q^2}{H - h}} \; \ldots \ldots \; (14)$$

Les formules (13) et (14) peuvent nous servir à calculer les dimensions des tuyaux, si l'on se sert du gaz Leprince ou du gaz hydrogène. La densité du gaz Leprince est 0,541, celle du gaz à l'eau 0,117. La pression qu'on donne ordinairement à celui-ci dans le gazomètre est de $0,^m07$, celle du gaz Leprince $0,^m013$. Pour le gaz de houille ordinaire on a en moyenne une pression de $0,^m03$. Il faut observer de plus, que le pouvoir éclairant du gaz hydrogène étant moindre, il en faut une plus grande quantité pour avoir le même effet. D'après les expériences 7 litres de gaz hydrogène donnent autant de lumière que 5 litres de gaz Leprince. Nous supposerons qu'on ait une conduite de 1000 mètres, à laquelle on ait donné le même diamètre sur toute son étendue, tandis qu'à son extrémité on ait adapté un tuyau d'un pouce anglais $(2,^{cm}7)$ de diamètre. D'après ces données nous pourrons calculer quelles dimensions il faudra donner à la conduite, afin qu'une certaine quantité de gaz s'écoule par l'orifice d'un pouce anglais, en supposant nulle la résistance du gaz dans ce dernier tuyau, qu'on pourra rendre aussi court qu'on voudra. Les résultats de ces calculs se trouvent réunis dans le tableau suivant :

85

Numéro.	Nom du gaz et sa densité δ.	Quantité s'écoulant en une seconde Q.	Pression dans le gazomètre H.	Longueur de la conduite L.	Diamètre du tuyau d'écoulement d.	Pression près de l'orifice du tuyau d'écoulement h. formule (13).	Résistance dans la conduite H — h.	Diamètre de la conduite D. formule (14).	Diamètre de la conduite en pouces anglais.
$a.$	Gaz Leprince. ($\delta = 0.541$).	5 liters.	$0.^{m}07$	1000^{m}	$2.^{cm}7$	$0.^{m}002965$	$0.^{m}067035$	$6.^{cm}3$	$2\frac{1}{4}$ p. $=$ $6.^{cm}7$
$b.$		"	$0.\ 03$	"	"	"	$0.\ 027035$	$7.\ 6$	3 p. $=$ $8.\ 1$
$c.$		"	$0.\ 013$	"	"	"	$0.\ 010035$	$9.\ 2$	$3\frac{1}{2}$ p. $=$ $9.\ 4$
$d.$	Gaz à l'eau. ($\delta = 0.117$).	7 liters.	$0.^{m}07$	"	"	$0.^{m}001257$	$0.^{m}068743$	$7.^{cm}2$	3 p. $=$ $8.^{cm}1$
$e.$		"	$0.\ 03$	"	"	"	$0.\ 028743$	$8.\ 5$	$3\frac{1}{2}$ p. $=$ $9.\ 4$
$f.$		"	$0.\ 013$	"	"	"	$0.\ 011743$	$10.\ 2$	4 p. $=10.\ 8$
$g.$	Gaz Leprince. ($\delta = 0.541$).	10 liters.	$0.^{m}07$	"	"	$0.^{m}01186$	$0.^{m}05814$	$8.^{cm}5$	$3\frac{1}{2}$ p. $=$ $9.^{cm}4$
$h.$		"	$0.\ 03$	"	"	"	$0.\ 01814$	$10.\ 8$	4 p. $=10.\ 8$
$i.$		"	$0.\ 013$	"	"	"	$0.\ 00114$	$18.\ 8$	7 p. $=18.\ 9$
$k.$	Gaz à l'eau. ($\delta = 0.117$).	14 liters.	$0.^{m}07$	"	"	$0.^{m}005028$	$0.^{m}064972$	$9.^{cm}6$	4 p. $=10.^{cm}8$
$l.$		"	$0.\ 03$	"	"	"	$0.\ 024972$	$11.\ 6$	$4\frac{1}{4}$ p. $=12.\ 2$
$m.$		"	$0.\ 013$	"	"	"	$0.\ 007972$	$14.\ 5$	$5\frac{1}{2}$ p. $=14.\ 9$

Il résulte de ce tableau:

1°. Si la quantité de gaz n'est pas très-grande (5 litres de gaz Leprince ou 7 litres de gaz à l'eau par seconde), et si l'on donne à chaque gaz sa pression ordinaire, qui est de $0,^{cm}015$ pour le gaz Leprince, de $0,^{cm}07$ pour le gaz à l'eau, il faut pour celui-ci des tuyaux de 5 pouces, pour le gaz Leprince des tuyaux de $5\frac{1}{2}$ pouces. (Num. f et c). Ainsi l'avantage est du côté de l'hydrogène; mais il ne doit être attribué qu'à la pression plus forte, à la quelle ce gaz est exposé. Si la pression était la même pour les deux gaz, l'avantage serait du côté du gaz Leprince, comme il résulte d'une comparaison des numéros a et d, b et e, c et f.

2°. Pour une quantité de gaz double (10 litres de gaz Leprince ou 14 litres de gaz hydrogène par seconde) la différence est plus grande; il faut des tuyaux de 7 pouces pour le gaz Leprince, et de 4 pouces pour l'hydrogène. A égalité de pression l'avantage est du côté du gaz Leprince, excepté quand cette pression devient très-faible (num. g et k, h et l, i et m). On pourrait cependant diminuer cette différence en donnant au tuyau d'écoulement un plus grand diamètre d, que celui que nous avons admis dans nos calculs.

De tout ce qui précède nous pouvons par conséquent déduire, que dans les conditions ordinaires de pression l'avantage est du côté du gaz à l'eau; mais que la différence n'est que très-petite ($\frac{1}{2}$ pouce anglais) lorsque la consommation ne dépasse pas 5 litres du gaz Leprince ou 7 litres du gaz à l'eau.

Un avantage encore assez notable du gaz à l'eau, c'est qu'il n'attaque pas les tuyaux conducteurs en fonte, tandis que l'expérience a démontré assez souvent qu'il n'en est pas ainsi du gaz de houille, dont le sulfide d'hydrogène et le sulfure de carbone transforment, dans un délai plus ou moins court, le fer en sulfure très-fragile et très-perméable au gaz. Depuis quelque temps on a introduit, dans plusieurs localités, un système de conduites en fonte, où les joints sont garnis de rondelles en caoutchouc vulcanisé, fortement comprimées. Les deux tuyaux qu'il s'agit d'assembler, sont munis, tant en dessus qu'en dessous, d'oreilles et de pattes qu'on assujettit à l'aide de broches. La rondelle en caoutchouc étant disposée sur la gorge qu'on aperçoit (Fig. première) à l'extrémité du tuyau de

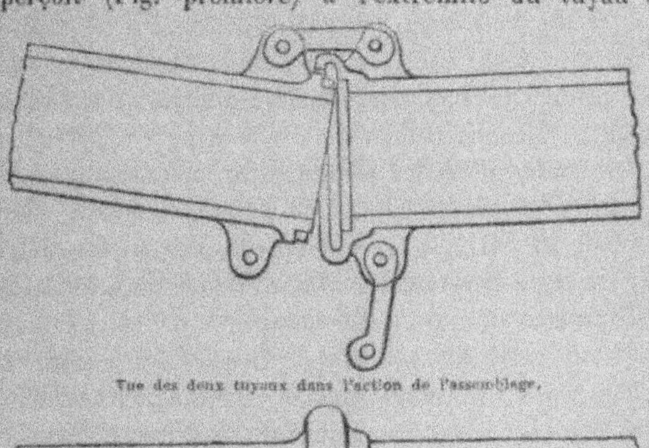

Vue des deux tuyaux dans l'action de l'assemblage.

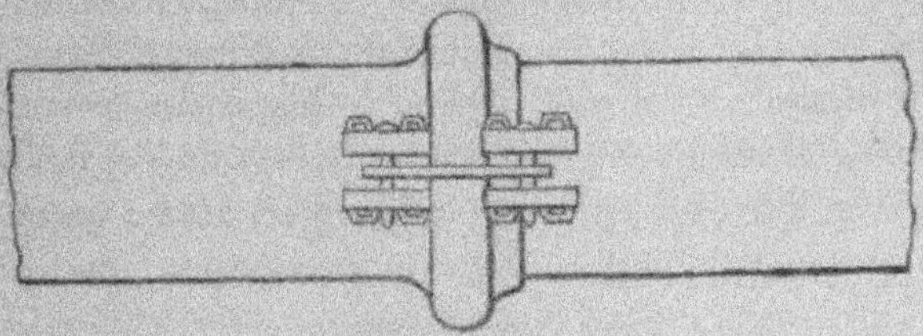

Vue en dessus des deux tuyaux.

gauche, on commence par soulever celui-ci pour mettre en place la patte supérieure; en abaissant ce tuyau,

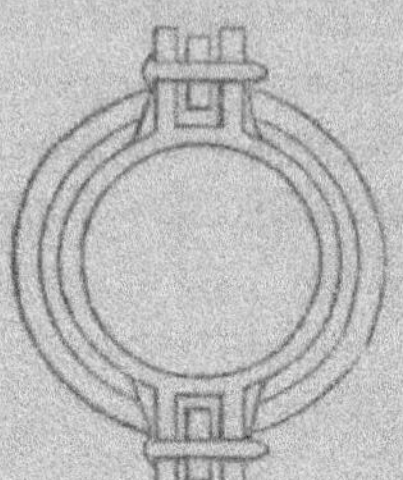
Coupe transversale du tuyau à la hauteur du joint.

qui forme alors levier, la rondelle se comprime, et l'emboîtement s'opère de lui-même; il suffit ensuite, pour compléter le joint, d'attacher la patte de dessous au moyen des broches. Comme on le voit les tuyaux sont reliés de manière à n'avoir dans la longueur aucun point de contact, si ce n'est par l'intermédiaire du caoutchouc; les broches étant d'un diamètre plus petit que celui des oreilles et des pattes, laissent ainsi tout le jeu nécessaire à l'élasticité du joint; cette disposition permet aux tuyaux de pénétrer plus avant l'un dans l'autre, de revenir à la position première, de se prêter enfin à tous les petits mouvements que leur impriment soit la dilation, soit l'affaissement ou les vibrations du sol, causes assez fréquentes de fuites dans les conduites ordinaires. Parmi les divers systèmes de joints que j'ai vus à Paris, celui-ci, dont M. PETIT [1]) est l'inventeur, m'a paru préférable; il est d'un travail parfait, et l'on peut en attendre, selon moi, un plein succès, si toutefois l'inventeur est parvenu, comme il l'assure, à rendre au moyen d'une opération spéciale, le caoutchouc inaltérable par le gaz de houille. On sait en effet que ce gaz attaque et dissout assez promptement le caoutchouc, et le système Petit ne lui sera applicable que pour autant qu'on puisse empêcher cet effet destructif.

---

[1]) H. Petit, Rue Poissonnière, 46. Paris.

Quant au gaz à l'eau il n'exerce aucune action sur le caoutchouc ; et comme en outre, à cause de sa minime densité, il a une grande tendance à s'échapper, les nouvelles conduites lui conviennent sous tous les rapports ; ces conduites en effet ont pu être soumises à une pression de 70 atmosphères, sans que les joints aient cessé d'être parfaitement étanchés.

EMPLOI DU GAZ POUR LE CHAUFFAGE.

Il est assez généralement connu que depuis quelques années le gaz d'éclairage tend à s'introduire comme combustible, dans les usages domestiques. Déjà des expériences sans nombre ont démontré à l'évidence qu'il convient parfaitement pour ce nouvel emploi, et que dans maintes circonstances il offre des avantages réels sur les moyens ordinaires de chauffage.

Le gaz peut être allumé et éteint instantanément ; dans tous les cas où il s'agit de produire des feux intermittents, le chauffage au gaz sera donc le plus économique. Les feux de cuisine peu prolongés, les feux de restaurant ou d'hôtel, en dehors des heures de repas, le chauffage des appartements où l'on ne reçoit que pendant peu d'heures de la journée, le chauffage des fers et des moules pour la coiffure, la reliure, l'orfévrerie, le repassage et le plissage du linge, etc., voilà les véritables et les meilleures applications du chauffage au gaz. Avec lui les cendres, la suie des cheminées, la fumée sont supprimées, et par suite une des causes principales de poussière et de malpropreté dans les appartements se trouve enlevée. Le danger d'incendie devient aussi beaucoup moindre, et déjà, en Angleterre, les sociétés d'assurance assurent à prime réduite les bâtiments où l'on utilise le chauffage au gaz. En sortant de chez soi on ne laisse pas un feu allumé; pour rallumer, comme pour éteindre, il suffit d'ouvrir ou de fermer un robinet. On est débarrassé de l'emmagasinage du bois ou du charbon, de leur transport journalier par les domestiques, des détournements, des vols, etc.

Mais à côté de ces avantages incontestables, la substitution du gaz aux combustibles ordinaires présente quelques inconvénients, qui peuvent être écartés, il est vrai, mais toujours au détriment d'une partie assez considérable de la chaleur produite.

Contenant de l'ammoniaque, de l'acide sulfhydrique et du sulfure de carbone, le gaz donne naissance, par sa combustion, aux acides azotique et sulfureux, qui, ainsi que nous l'avons rappelé plus haut, attaquent et altèrent un grand nombre d'objets de luxe, et agissent d'une manière défavorable, parfois même nuisible, sur l'économie animale. En outre pour chaque mètre cube de gaz brûlé, il y aura, comme nous l'avons fait voir, production de 1,^{mc}086 ou 0,^{mc}9125 d'acide carbonique, suivant qu'il s'agit de gaz de houille ou de gaz Leprince. Ajoutons encore l'odeur détestable qu'exhalent ces gaz, lorsqu'ils échappent, ne fût-ce qu'en faible partie, à la combustion, et la fumée noire qui suit immédiatement une consommation mal réglée. On peut se résigner à ces divers inconvénients, comme on le fait dans plusieurs localités; toujours est-il qu'avec de pareils défauts, l'emploi du gaz ne satisfait pas aux conditions que réclame un chauffage hygiénique et économique. Pour un combustible quelconque, plus il développe de produits nuisibles, plus on est obligé d'activer la ventilation par un tirage énergique, mais plus aussi il va se perdre de chaleur par la cheminée. Dans la combustion du gaz de houille ou du gaz Leprince, on ne pourra se soustraire, c'est mon intime conviction, à cette obligation ni à cette perte.

Parmi les divers modèles de foyers et de calorifères au gaz, que j'ai vus à Paris, il y en avait un destiné à chauffer un cabinet de travail de 2^{m},50 et 3^{m},50 sur 5^{m}, avec une consommation de 300 litres de gaz par heure, d'après l'étiquette annexée. Supposons qu'on travaille dans un pareil cabinet pendant toute une journée, de 8 heures du matin à 11 heures du soir; il y aura consommation de 4^{mc},50 de gaz, et production de 4^{mc},887 d'acide carbonique si l'on brûle du gaz de houille, ou de 4^{mc},106 si l'on fait usage du gaz Leprince; la capacité du cabinet étant de 45^{mc},75, il se formera donc un mètre cube d'acide carbonique pour 8^{mc},95 ou 10^{mc},4 d'air atmosphérique. En outre les deux gaz exigeront pour leur combustion, comme je l'ai déjà indiqué, par mètre cube, respectivement 1^{mc},876 et 1^{mc},729 d'oxygène; soit pour les 4^{mc},50 de gaz, 8^{mc}44 et 7^{mc},780 d'oxygène, ou bien 40^{mc},39 et 57^{mc},22 d'air atmosphérique. La presque totalité de l'air renfermé dans le cabinet, sera donc privée de son oxygène, qui sera remplacé par 11,17 ou 9,38 p. % d'acide carbonique. Après une heure de chauffage, l'air du cabinet, en supposant qu'il n'y ait aucun renouvellement, aura la composition suivante:

Pour le gaz de houille. Pour le gaz Leprince.

	Pour le gaz de houille.	Pour le gaz Leprince.
Azote	79,54	79,56
Oxygène	19,71	19,81
Acide carbonique	0,74	0,62 [1].

Au bout de deux heures de chauffage ou trouvera pour la composition:

	Pour le gaz de houille.	Pour le gaz Leprince.
Azote	79,97	79,85
Oxygène	18,52	18,70
Acide carbonique	1,50	1,44 [2].

Comme on le voit la quantité d'oxygène ira continuellement en diminuant, et la quantité d'acide carbonique en augmentant. En même temps la proportion relative d'azote s'accroît sans cesse, parce qu'il y a diminution dans le volume total de l'air, les hydrogènes carbonés ne rendant dans leur combustion, pour trois volumes d'oxygène disparus, que $1\frac{1}{2}$ ou 2 volumes d'acide carbonique, suivant qu'il s'agit d'hydrogène proto-carboné ou bicarboné.

Lorsque les 4,^{mc}50 de gaz auront été brûlés, la composition de l'air sera devenue:

	Pour le gaz de houille.	Pour le gaz Leprince.
Azote	86,09	85,10
Oxygène	1,74	3,54
Acide carbonique	12,16	11,54

---

[1] On a négligé ici la petite quantité d'acide carbonique que les gaz contiennent déjà avant leur combustion.

[2] On a ajouté les 0,18 p. % d'acide carbonique que les 0,^{mc}6 de gaz Leprince contenaient déjà.

en supposant toutefois que la combustion puisse avancer si loin.

Dans ce calcul on n'a pas tenu compte de la production d'acide sulfureux, ni de la quantité assez considérable de vapeur d'eau qui se forme.

Les conditions que je viens de poser ne seront, il est vrai, jamais réalisées; jamais une chambre ne sera assez hermétiquement fermée, pour qu'il n'y ait aucun renouvellement de l'air. Mais pourtant la cause la plus active de renouvellement n'existe pas en employant ce système de chauffage de la manière supposée.

Dans le chauffage ordinaire c'est principalement le tirage de la cheminée qui détermine la ventilation; l'air chaud en s'échappant par cette voie, est remplacé et doit être remplacé par l'air froid de l'extérieur, qui se glisse sans cesse par le dessous des portes, par les jointures des fenêtres, etc. Cette cause énergique d'appel manque ici absolument. L'air chauffé de l'appartement y est conservé; il se dilate par l'élévation de la température, et cette dilatation sera en quelque sorte compensée par la diminution, que fait subir au volume de l'air la combustion de l'hydrogène carboné. Le renouvellement de l'air ne pourra donc s'effectuer que très-lentement.

Cet inconvénient se prononcerait encore bien davantage, si l'on était obligé d'entretenir le feu jour et nuit, dans une chambre de malade par exemple; dans ce cas si la maladie n'emportait pas le malade, ce serait inévitablement le chauffage qui l'emporterait.

On ne pourra donc, à mon avis, se dispenser de tuyaux ou de cheminée pour emporter les produits de la combustion du gaz de houille ou du gaz Leprince.

Avec cette adjonction le gaz d'éclairage sera préférable, par les motifs précédemment énumérés, à tout autre agent calorifique, mais aussi il deviendra beaucoup plus dispendieux. L'emploi de cheminées ou de conduites entraine une perte considérable de chaleur. On prétend que les fourneaux ou calorifères vantés comme les plus économiques, n'utilisent que le quart de la chaleur produite par le combustible; le reste est absorbé par la conduite; en outre celle-ci emmène constamment l'air à mesure qu'il s'échauffe dans le foyer, air qui, conservé dans l'appartement, en eut promptement élevé la température, mais qui maintenant est remplacé sans cesse par l'air froid du dehors.

Tout ce qui précède ne s'applique qu'au gaz de houille et au gaz Leprince. Quant au gaz à l'eau, sa combustion ne donne lieu, outre la vapeur d'eau, qu'au dégagement de 41 litres d'acide carbonique par mètre cube. En brûlant donc, dans le cabinet susmentionné, dans les 15 heures un volume égal de gaz à l'eau, soit 4,^{mc}50, il n'y aurait production que de 0,^{mc}184 d'acide carbonique, au lieu des 4,^{mc}887 ou 4,^{mc}106 que nous avons trouvés pour les deux autres gaz. La combustion des 4,^{mc}50 de gaz étant terminée, l'air confiné dans l'appartement aurait la composition suivante, en volumes:

Azote	79,00 p%
Oxygène	13,87 »
Acide carbonique	0,42 »
Vapeur d'eau	6,71 »
	100,00 p%

et en sus 2,96 p% de vapeur d'eau mêlée à cet air, en

supposant, ce qui ne pourra pas arriver, que toute la quantité d'eau produite, soit restée à l'état de vapeur, et que rien ne s'en soit condensé. Telle serait la composition de l'air dans l'hypothèse où aucun renouvellement n'eut eu lieu. Sans doute une atmosphère où l'oxygène est réduit à 13,87 p⁰/₀ ne pourrait satisfaire aux exigences des fonctions vitales. Mais au moins cet air ne contiendra qu'une minime proportion d'acide carbonique, gaz irrespirable, et pas les moindres traces d'acides sulfureux et azotique, gaz très-insalubres. Jamais on n'aura à se plaindre d'odeur infecte ni de fumée incommode, résultat d'une combustion incomplète ou d'un écoulement mal réglé. Et puisqu'il ne se développe aucune substance nuisible, on n'aura besoin, dans le chauffage au gaz à l'eau, ni de conduites, ni de cheminées; une ventilation ménagée quelque part pourra suffire au renouvellement de l'air, toujours indispensable quel que soit le combustible utilisé, ne fût-ce que pour emporter les produits gazeux de notre respiration, les émanations incessantes de l'économie animale, et la vapeur d'eau continuellement formée par la combustion de l'hydrogène.

Nous venons de parler de vapeur d'eau, et en effet la quantité de cette vapeur qui se produit, est assez considérable pour qu'on ait pu s'en préoccuper, et pour que quelques personnes, peu au courant de la matière, y aient vu un inconvénient spécialement inhérent au gaz à l'eau. Reprenons comme exemple le chauffage du cabinet en question.

Les 4,ᵐᶜ50 de gaz à l'eau contiennent 4,ᵐᶜ253 d'hydrogène, qui donnent 4,ᵐᶜ233 de vapeur d'eau, ou en poids 3,ᵏᶦˡ403 (poids spécifique de la vapeur 0,622, l'air = 1).

D'après les observations faites au moyen de l'hygromètre de DANIEL, l'air de 16° C est saturé de vapeur d'eau dès qu'il en renferme 15,^{gr}7 par mètre cube. Les 43,^{mc}75 d'air du cabinet, à la température de 16° C, pourront donc tenir 43,75 × 13,7 = 669 grammes de vapeur; l'excédant, c'est-à-dire 2734 grammes, devra se précipiter sous forme d'eau.

La quantité de gaz à l'eau brûlé par heure étant de 300 litres, soit 282 litr. d'hydrogène, il y a dans le même temps production de 226,^{gr}9 de vapeur, suffisant à saturer 16^{mc}56 d'air à 16° C. Au bout de 2^{heur} 56^{min} tout l'air de la chambre sera donc arrivé au point de saturation, et si l'on veut enlever le surplus de vapeur par la ventilation, il faudra à partir de ce moment, faire sortir de l'appartement 16,^{mc}56 d'air par heure, et les remplacer par un volume égal d'air supposé sec.

Mais un courant si actif, exigé par le gaz à l'eau, ne suffirait-il pas aussi à emporter les produits de la combustion du gaz de houille et du gaz Leprince, et à rendre le chauffage par ces gaz également indépendant de l'emploi de conduites ou de cheminées?

Le calcul suivant nous donnera la réponse à cette question.

300 litres de chacun de ces deux gaz donnent 325,8 et 275,6 litres d'acide carbonique; on en déduit que pour que l'air du cabinet arrive à contenir 2 p°/₀ d'acide carbonique, il faut brûler respectivement 875 ou 1057 litres de gaz, ce qui représente la consommation de 2 heures 42 min. pour le gaz de houille, et de 3 h. 51 m. pour le gaz Leprince. Si l'on veut que la pro-

portion d'acide carbonique n'augmente pas davantage, il faut que la ventilation emporte par heure $16,^{mc}2$ ou $15,^{mc}2$ de l'air vicié. On voit que pour avoir une atmosphère contenant, à part les autres produits de la combustion, jusqu'à 2 p% d'acide carbonique, la ventilation devra être égale, au moins pour le gaz de houille, à celle que demande l'éloignement de la vapeur dans le chauffage au gaz à l'eau.

Il y a plus. Ceux pour qui l'abondance de cette vapeur d'eau a été une espèce d'épouvantail, ne se sont sans doute pas demandé à combien s'en élève la production dans l'emploi des autres gaz. Le calcul comme l'expérience leur auraient démontré que cette production surpasse de beaucoup celle à laquelle donne lieu le gaz hydrogène, à volume égal.

Tandis qu'un mètre cube de gaz à l'eau ne contient que 940 litres d'hydrogène, un mètre cube de gaz de houille (de la composition indiquée par M. henry) en renferme $774 \times 2 + 86 \times 2 = 1720$ litres, et un mètre cube de gaz Leprince $134,4 \times 2 + 584,1 \times 2 + 252,5 = 1689$ litres. Partant de là il est facile de s'assurer que les $4,^{mc}50$ des deux derniers gaz, employés au chauffage, produiront $6,^{kil}219$ et $6,^{k}107$ d'eau au lieu des $5,^{k}405$ fournis par le même volume de gaz à l'eau. Les 300 litres, consommés par heure, donneront 414,6 ou 407,1 grammes de vapeur d'eau, pouvant saturer $30,^{mc}2$ ou $29,^{mc}6$ d'air. Il ne faudra donc que 1 heure 25 min. ou 1 heure 26 min. pour que l'atmosphère du cabinet soit chargée de toute la quantité de vapeur qu'elle peut prendre. Dans chacune des heures suivantes $30,^{mc}2$ ou $29,^{mc}6$ d'air saturé devront être remplacés par un volume égal d'air sec. Le gaz à l'eau ne demandait qu'un remplacement de 16,^{mc}56 par heure; si donc on ne veut pas appliquer de conduites dans le chauffage au gaz de houille ou au gaz Leprince, on sera forcé d'entretenir une ventilation deux fois plus active que dans l'emploi du gaz hydrogène, et même dans ces cas on n'arrivera à obtenir qu'une atmosphère contenant toujours 1,07 ou 0,9 p% d'acide carbonique et les autres produits de la combustion.

De la comparaison que nous venons d'établir entre les trois gaz, considérés comme moyens de chauffage, il semble ressortir avec évidence, que l'avantage est tout entier du côté du gaz hydrogène. Cependant il est un élément important de la question que nous avons négligé jusqu'à présent, et qu'il est temps d'introduire dans la discussion. Dans quel rapport sont entre elles les quantités de chaleur produites par la combustion, *à volume égal*, de l'un et de l'autre gaz? Il n'y a pas de gaz qui, *à poids égal*, fasse naître en brûlant autant de chaleur que l'hydrogène, mais aussi aucun autre gaz ne possède une densité aussi faible. Quelques personnes, et même des hommes assez distingués, se fondant sur la grande puissance calorifique de l'hydrogène, l'ont proclamé la substance la plus économique qu'on pût employer comme agent de chauffage. Le calcul suivant nous prouvera que c'est là une opinion erronée, au moins aussi longtemps que le prix de revient du gaz à l'eau n'aura pas diminué énormement.

Un mètre cube de gaz hydrogène pèse 89,^{gr}9.

D'après M. DULONG 1 kilogr. d'hydrogène donne par sa combustion 54600 unités de chaleur, soit pour un mètre cube $\dfrac{54600 \times 89,9}{1000} = 5110$ unités.

1 mètre cube de gaz de houille se compose, d'après
M. HENRY, de:

$0,^{mc}086$ . . . . . d'hydrogène bicarboné,
$0,^{mc}774$ . . . . . d'hydrogène proto-carboné,
$0,^{mc}140$ . . . . . d'oxyde de carbone.

1 kilogr. d'hydrogène bicarboné donne par sa com-
bustion . . . . 12032 unités de chaleur,
1 kilogr. d'hydrogène proto-
carboné donne par sa com-
bustion . . . . 13205 » » »
1 kilogr. d'oxyde de carbone
donne par sa combustion . 2488 » » »

1 litre d'hydrogène
bicarboné pèse . $1,^{gr}279$, soit les 86 litr. — $110,^{gr}0$
1 litre d'hydrogène
proto-carboné pèse $0,^{gr}722$, » » 774 litr. — $558,^{gr}8$
1 litre d'oxyde de
carbone pèse . . $1,^{gr}256$, » » 140 litr. — $175,^{gr}8$.

Les 110 gr. d'hy-
drogène bicar-
boné produi-

ront. . . . $\dfrac{12032 \times 110}{1000} = 1323$ unités de chaleur.

Les $558^{gr},8$ d'hy-
drog. proto-
carboné pro-

Transp. . . . 1323

$$\text{Transp.} \quad . \quad . \quad . \quad 1325$$

duiront. . . $\dfrac{13205 \times 558,8}{1000} = 7379$ unités de chaleur.

Les 175,8 d'oxy-
de de carbone

produiront. . $\dfrac{2488 \times 175,8}{1000} = 437$ » » »

Un mètre cube de gaz de houille
produira donc par sa combustion $\overline{9159}$ unités de chaleur.

Un mètre cube de gaz Leprince se compose, d'après
l'analyse que j'en ai faite, de

131,2 litres d'hydrogène bicarboné,
584,1 » d'hydrogène proto-carboné,
252,5 » d'hydrogène,
63,0 » d'oxyde de carbone,
d'acide carbonique et azote. [1]

Les 131,2 litres d'hydrogène
bicarboné pèsent. . . . $1,279 \times 131,2 = 167^{gr},8.$
Les 584,1 litres d'hydrogène
proto-carboné pèsent . . $0,722 \times 584,1 = 421^{gr},7.$
Les 252,5 litres d'hydrogène
pèsent . . . . $0,089 \times 252,5 = 22^{gr},6.$

---

[1] On obtient ainsi en somme 1030,8 au lieu de 1000, ce qui doit être attribué aux hydrocarbures portés en compte sous forme d'hydrogène bicarboné.

Les 63,0 litres d'oxyde de
carbone pèsent . . . . . $1,256 \times 63,0 = 79^{gr},1.$

Les $167^{gr},8$ d'hy-
drog. bicar-
boné produi-
ront . . . $\dfrac{12052 \times 167,8}{1000} = 2018$ unités de chaleur.

Les $421^{gr},7$ d'hy-
drog. proto-
carboné pro-
duiront . . $\dfrac{15205 \times 421,7}{1000} = 5568$ » » »

Les $22^{gr},6$ d'hy-
drogène pro-
duiront . . $\dfrac{54600 \times 22,6}{1000} = 781$ » » »

Les $79^{gr},1$ d'oxy-
de de carbone
produiront . $\dfrac{2488 \times 79,1}{1000} = 196$ » » »

Un mètre cube de gaz Leprince
fournira donc . . . . . . .8565 unités de chaleur.

Quant au gaz à l'eau, il n'est pas non plus de l'hydrogène pur. Le mètre cube de ce gaz renferme
$940^{lit},8$ d'hydrogène, $35^{lit},4$ d'oxyde de carbone, $5^{lit},8$
d'hydrogène proto-carboné; les autres gaz qu'il contient
ne sont pas inflammables. D'après le calcul:

Les 940,8 litr. d'hydrogène pro-
    duiront . . . . . . .2925 unités de chaleur.
Les 55,4 litr. d'oxyde de car-
    bone produiront. . . . . 110 » »   »
Les 5,8 litr. d'hydrogène proto-
    carboné produiront. . . . 35 » »   »
Un mètre cube de gaz à l'eau
    donnera donc. . . . . .5070 unités de chaleur.

Il résulte de ce qui précède, que les volumes de gaz
de houille, de gaz Leprince et de gaz à l'eau, nécessaires pour développer une même quantité de chaleur,
sont entre eux comme les nombres 1, 2,79 et 2,98. Il
n'y aurait donc égalité de dépense, en utilisant le gaz
à l'eau au chauffage, que pour autant que son prix
fût à celui du gaz de houille comme 1: 2,98, et à
celui du gaz Leprince comme 1: 2,79.

Pour obtenir dans le cabinet déjà cité à différentes
reprises, la même température que par la combustion
de 500 litres de gaz de houille ou de gaz Leprince, il
faudra, d'après ce qu'on vient de voir, une consommation de 894 ou 837 litres de gaz à l'eau. La ventilation devant être accélérée dans le même rapport que
le volume de gaz brûlé est devenu plus considérable,
la totalité de l'air du cabinet devra être renouvelée au
bout de 55 minutes, parce qu'un pareil laps de temps
suffit pour saturer l'atmosphère de vapeur d'eau, à la
température de 16° C.

En employant le gaz de houille ou le gaz Leprince, il y aurait, dans cet intervalle de 53 min., production de 287 ou de 241 litres d'acide carbonique, et saturation de 26^{mc},7 d'air par de la vapeur d'eau. Une ventilation également active maintiendrait donc dans l'appartement une atmosphère contenant 0,68 p% d'acide carbonique, et seulement 7^{gr},6 de vapeur d'eau par mètre cube, au lieu des 13^{gr},7 que renferme l'air à l'état de saturation à 16° C.

Si, à prix égal, le gaz de houille et le gaz Leprince présentent, pour le chauffage, une économie considérable, il ne faut pas perdre de vue qu'ils offrent, en revanche, divers inconvénients que nous avons déjà rappelés plusieurs fois. Outre qu'ils chargent l'atmosphère, comme nous venons de le trouver, d'au moins 0,68 ou 0,57 p% d'acide carbonique, ils donnent lieu au dégagement, soit constant soit accidentel, d'acides sulfureux, azotique et sulphydrique, de fumée, d'odeur etc. Non seulement l'immixtion de ces gaz rend l'air moins salubre, mais encore elle diminue l'économie réelle, par cela même qu'elle oblige à renouveler ou restaurer fréquemment les dorures, les peintures, les plafonds, plusieurs étoffes etc., tous objets qui ne seront guère attaqués par le chauffage au gaz à l'eau. Tant que le prix des trois gaz sera égal, la plus grande partie des consommateurs se laissera, je suppose, entraîner à l'usage du gaz de houille ou du gaz Leprince, comme aussi personne ne les emploiera plus, dès que le prix du gaz à l'eau ne sera plus à celui des deux autres que dans le rapport de 1 : 2,98 ou de 1 : 2,79.

On peut se demander si, la température d'un appartement étant une fois portée au degré voulu, on aura besoin, pour la maintenir à ce degré, de continuer à brûler le même volume de gaz, soit par exemple 300 litres par heure pour le cabinet en question. Le calcul pourra encore nous indiquer la réponse.

Les $43,^{mc}75$ d'air atmosphérique contenus dans le cabinet pèsent $56,^{kil}568$ ($1^{mc.} = 1,^k293$ d'après M. REGNAULT). La chaleur spécifique de l'air étant (d'après le même savant) de 0,2377, il faudra, pour faire monter d'un degré centigrade la température des $56,^k568$ d'air, 13,4 unités de chaleur, soit 214,4 de ces unités pour la porter de 0° à 16° C. Cette quantité de chaleur est très-inférieure à celle que développera la combustion. En effet 300 litres de gaz à l'eau produisent 921 unités de chaleur, qui suffiraient à élever de 0° à 68°,7 C. le volume d'air de $43,^{mc}75$, en supposant, bien entendu, que tout le calorique fût employé à échauffer l'air, et en faisant abstraction, par conséquent, de l'absorption par les parois de la chambre ainsi que des autres causes de déperdition. L'influence de cette absorption et de cette perte ne peut être évaluée, même approximativement; mais on comprendra aisément qu'une quantité de chaleur capable d'amener la température de l'air d'un appartement de 0° à 68°,7 C., sera beaucoup trop grande quand on n'aura plus qu'à conserver à cet air la température acquise, et que par suite on pourra et devra restreindre le volume de gaz à brûler. Cette conclusion s'applique naturellement aussi au gaz de houille et au gaz Leprince, et comme nous avons vu que la combustion de ces gaz produit 2,98 ou 2,79 fois plus de chaleur que celle du gaz à l'eau, la réduction possible sera dans le même rapport.

M. van den broeck a cherché à déterminer expérimentalement la puissance calorifique du gaz à l'eau; il a constaté que la température d'une chambre close, dont la capacité totale était de 957 mètres cubes, augmentait de 5° C. en y brûlant 500 litres de gaz en vingt minutes. D'après la théorie l'accroissement aurait dû être de 5°,2 C.

Pendant mon séjour à Narbonne j'ai fait des expériences analogues, mais dont le résultat est resté beaucoup au dessous de celui que la théorie assigne et que M. van den broeck a obtenu.

La première expérience eut lieu dans une chambre nouvellement construite et bien close, dont la capacité était de 107,^{mc}5, la hauteur de 3,^{m}75. Quatre thermomètres furent placés à des hauteurs différentes. savoir à 0,^{m}85, 1,^{m}5, 2^m et 3^m au dessus du plancher. La température moyenne de l'air était de 22° C. Un mètre cube de gaz à l'eau fut consommé en 48 minutes. Le thermomètre placé le plus bas, avait monté de 22° à 24°,75; le suivant à 25°,25, le troisième à 25°,75, le quatrième à 27° C.; ce qui donne une température moyenne de 25°,68 et un accroissement de 3,°68 C.

D'après le résultat trouvé par M. van den broeck, le volume de gaz brûlé, dans l'espace indiqué, aurait dû augmenter la température de l'air de 89° C.; d'après la théorie il aurait dû produire une élévation de 92°,4 C.

La seconde expérience fut faite dans une autre chambre du même bâtiment; elle cubait 56,^{mc}403.

La température moyenne de l'air était de 17°,75 C.
avant l'expérience, de 23° C. après; elle avait donc monté
de 5°,25 C. — 500 litres de gaz avaient été brûlés en
14½ minutes.

Calculée d'après les données de M. VAN DEN BROECK,
l'augmentation de température aurait été de 84°,5;
d'après la théorie de 87°,8 C.

En rapportant l'élévation obtenue dans ma première
expérience (3°,68), aux conditions dans lesquelles a été
faite la seconde, c'est-à-dire en la calculant pour un
volume d'air de 56,^{mc}403 et une consommation de
gaz de 500 litres, on trouve le nombre 3°,5.

On voit qu'il y a entre mes deux résultats, rendus
ainsi comparables, une différence de 1°,75, ce qui peut
tenir à la durée inégale des deux expériences, la seconde ayant brûlé 500 litres de gaz en 14½ minutes,
et la première 1000 l. en 48 min., soit 500 l. en
24 min.

Quoiqu'il en soit, l'élévation de la température de
l'air est restée, dans mes expériences, de beaucoup au
dessous de celle qu'indique la théorie. Mais aussi celle-
ci suppose que l'air se trouve confiné dans une enve-
loppe idéale, repoussant absolument la chaleur, supposition qui s'écarte considérablement de la réalité. Les
murs, le plancher, le plafond de l'appartement pren-
nent une forte partie de la chaleur développée, partie
dont le calcul ne pourrait tenir compte jusqu'à un
certain point, que si l'on connaissait la capacité calorifique de ces parois.

Avant de passer à un autre ordre de considérations,
encore un mot sur l'application du gaz à l'eau à l'usage
culinaire. J'ai vu fonctionner un appareil de ce genre,

dans lequel un poulet fut parfaitement rôti, en dix
minutes, par la combustion de 300 litres de gaz; 7
minutes suffirent pour préparer des côtelettes de mou-
ton, qui furent trouvées très-savoureuses. Cet appareil,
de forme cylindrique, avait 40 centim. de diamètre
sur 55 centim. de hauteur, non compris le socle. Dans
l'intérieur se trouvaient trois cercles tubulaires placés
horizontalement l'un au dessus de l'autre à une distance de 15 centim. à peu près, d'un diamètre de 24
centim. en oeuvre et percés de petits trous, à 1 centim.
l'un de l'autre. Les trous du cercle du milieu étaient
un peu plus grands que ceux du cercle supérieur, et
un peu moins que ceux du cercle d'en bas.

L'application du gaz au chauffage sera d'un grand
intérêt pour les petites villes, dans lesquelles le gaz
devra se maintenir à un prix assez élevé, aussi longtemps que son emploi sera borné à l'éclairage, à cause
du petit nombre de becs nécessaires; si au contraire
il parvient à s'introduire généralement comme moyen
de chauffage, son prix de revient diminuera, par les
raisons déjà développées ci-dessus.

Occupons nous maintenant d'une question qui doit
se présenter naturellement et qui n'est pas dépour-
vue d'importance. On sait que le gaz hydrogène prend
feu très-facilement; n'y aurait-il donc pas un trop grand
péril à introduire dans l'usage domestique un corps
doué d'une pareille inflammabilité? Ce point mérite
d'être examiné avec le plus grand soin, et pour cela

j'ai cru devoir ne pas me borner a des déductions théoriques, mais tenter de la résoudre par des essais pratiques. Dans une série d'expériences comparatives sur l'inflammabilité du gaz hydrogène, du gaz Leprince et du gaz de houille, j'ai cherché à déterminer les limites des proportions, dans lesquelles un mélange de ces gaz avec l'air atmosphérique est encore ou cesse d'être inflammable.

Les mélanges ont été faits dans des tubes gradués. Après avoir attendu assez longtemps pour être sûr que les deux gaz s'étaient parfaitement mêlés, ce qui a été facilité en retournant les tubes à différentes reprises, on a provoqué la combustion à l'aide d'une mince bougie fixée à un fil de fer recourbé. J'ai préféré pour cet usage un corps enflammé à l'étincelle électrique, afin de rester dans les conditions qui se présentent dans la vie domestique. Voici les résultats que j'ai obtenus :

Mélanges de gaz hydrogène [1]) *et d'air atmosphérique.*

PREMIÈRE SÉRIE.

Capacité du tube gradué 21 c. c. (divisés en dixièmes).

---

[1]) L'hydrogène employé a été obtenu en décomposant l'eau par le zinc pur et l'acide sulfurique, et purifié par une solution de potasse caustique.

Expérience n°. 5 [1]).

Hydrogène . . . . 20 vol. } Ce mélange n'était plus in-
Air atmosphérique 190 » }   flammable.

Il y avait sur 100 vol. d'air 10,52 vol. d'hydrogène.

L'air n'est donc pas inflammable s'il contient 9,52 p% de gaz hydrogène (en volume).

Expérience n°. 6.

Hydrogène . . . . 21 vol. } faiblement explosible.
Air atmosphérique 189 » }

Il y avait sur 100 vol. d'air 11,11 vol. d'hydrogène.

L'air est donc faiblement explosible s'il contient 10 p% de gaz hydrogène.

DEUXIÈME SÉRIE.

Capacité du tube gradué 149 c. c.

Expérience n°. 1.

Hydrogène . . . . 15 vol. } faiblement explosible.
Air atmosphérique 134 » }

Sur 100 vol. d'air il y avait 11,16 vol. d'hydrogène.

L'air est donc encore faiblement explosible s'il contient 10,07 p% de gaz hydrogène.

---

[1]) Je ne fais mention ici que des expériences qui ont fait connaître les proportions limites.

Expériences n°s. 2 et 5.

Hydrogène . . . . 14 vol.
Air atmosphérique 135 » } pas inflammable.

Il y avait sur 100 vol. d'air 10,37 vol. d'hydrogène.

L'air n'est donc plus inflammable s'il contient 9,59 p% de gaz d'hydrogène.

Mélanges de gaz de houille [1] *et d'air atmosphérique.*

TROISIÈME SÉRIE.

Capacité du tube gradué 21 c. c.

Expérience n°. 2.

Gaz de houille . . 18 vol.
Air atmosphérique 192 » } Ce mélange n'était pas inflammable.

Sur 100 vol. d'air il y avait 9,32 vol. de gaz.

L'air qui contient 8,57 p% de gaz de houille n'est donc pas encore inflammable.

Expériences n°s. 5 et 6.

Gaz de houille . . 19 vol.
Air atmosphérique 191 » } faiblement explosible.

---

[1] Je n'ai pas fait l'analyse de ce gaz, qui provenait de l'usine de M. REGOUT; le gaz y est produit par la méthode ordinaire, et sert à l'éclairage des ateliers de cet industriel, et à celui de plusieurs habitations particulières de cette ville.

Sur 100 vol. d'air il y avait 9,94 vol. de gaz.

L'air est donc faiblement explosible s'il contient 9,04 p% de gaz de houille.

QUATRIÈME SÉRIE.

Capacité du tube gradué 149 c. c.

Expériences n°s. 1 et 4.

Gaz de houille . . . 13 vol. } Ce mélange n'était pas
Air atmosphérique 136 » } encore inflammable.

Sur 100 vol. d'air il y avait 9,56 vol. de gaz.

L'air n'est donc pas inflammable s'il contient 8,72 p% de gaz de houille.

Expériences n°s. 2 et 3.

Gaz de houille . . . 14 vol. } Mélange explosible.
Air atmosphérique 135 » }

Sur 100 vol. d'air il y avait 10,37 vol. de gaz.

L'air qui contient 9,39 p% de gaz de houille est explosible.

Mélanges de gaz Leprince [1] *et d'air atmosphérique.*

Expérience n°. 4.

Gaz Leprince . . . 13,5 vol. } faiblement explosible.
Air atmosphérique 135,5 » }

---

[1] De l'usine de la Vieille-Montagne.

Sur 100 vol. d'air il y avait 9,96 vol. de gaz.

L'air est donc faiblement explosible s'il contient 9,06 p% de gaz Leprince.

Expérience n°. 6.

Gaz Leprince . . . 13 vol. } Le mélange n'était pas
Air atmosphérique 136 » } inflammable.

Sur 100 vol. d'air il y avait 9,56 vol. de gaz.

L'air n'est donc pas inflammable s'il ne contient que 8,72 p% de gaz Leprince.

Résumé.

L'air n'est pas encore inflammable, s'il contient :

$$\frac{9,52 + 9.39}{2}$$ soit 9,45 p% d'hydrogène,

$$\frac{8,57 + 8.72}{2}$$ soit 8,64 » de gaz de houille,

8,72 » de gaz Leprince.

Il est devenu explosible s'il contient :

$$\frac{10 + 10,07}{2}$$ soit 10,03 p% d'hydrogène,

$$\frac{9,04 + 9,59}{2}$$ soit 9,17 » de gaz de houille,

9,06 » de gaz Leprince.

Il en résulte qu'en cas de fuites, toutes les conditions étant d'ailleurs les mêmes, l'air sera devenu plus vite inflammable par le gaz de houille ou le gaz Leprince que par le gaz hydrogène. L'avantage sous ce rapport est donc du côté de l'hydrogène.

Il peut sembler contradictoire au premier abord, qu'à proportions égales un mélange d'air atmosphérique et d'hydrogène soit moins explosible, qu'un mélange d'air et de gaz de houille ou de gaz Leprince; mais cela s'explique par la plus grande quantité d'oxygène que réclament ces derniers pour être brûlés. En effet pour qu'il y ait combustion complète:

1 mètre cube de gaz de houille [1]) aura consommé $1^{mc.},876$ d'oxygène, soit l'oxygène de $8^{mc.},976$ d'air atmosphérique;

1 mètre cube de gaz Leprince aura consommé $1^{mc.},729$ d'oxygène, soit l'oxygène de $8^{mc.},272$ d'air atmosphérique;

1 mètre cube de gaz hydrogène aura consommé $0^{mc.},500$ d'oxygène, soit l'oxygène de $2^{mc.},380$ d'air atmosphérique;

d'où il résulte que l'oxygène de $1^{mc.},000$ d'air suffit pour brûlér complètement

$$0^{mc.}111 \text{ de gaz de houille}$$
$$0,120 \quad » \quad » \text{ Leprince}$$
$$0,420 \quad » \quad » \text{ hydrogène.}$$

On voit que les proportions exigées pour qu'il y ait combustion *complète*, seront, en cas de fuite, atteintes

---

[1]) De la composition indiquée par M. HENRY.

bien plus tôt par le gaz de houille et le gaz Leprince que par le gaz hydrogène. La différence est même beaucoup plus considérable que celle, que nous venons de trouver expérimentalement entre les quantités de ces divers gaz, nécessaires pour que l'inflammation du mélange soit devenue *possible*.

Si un mélange gazeux n'était explosible que lorsque sa composition permet une combustion complète, l'air atmosphérique ne le serait pas tant que l'hydrogène n'y entrerait pour environ un tiers, et les deux autres gaz pour environ un dixième du volume total. Si, dans la réalité, cette dernière proportion est à peu près nécessaire pour les deux gaz en question, tandis qu'il ne faut qu'un dixième au lieu d'un tiers d'hydrogène pour constituer avec l'air un mélange combustible, cela tient à l'inflammabilité beaucoup plus grande du gaz hydrogène.

Quoiqu'il puisse sembler, d'après ce qui précède, qu'il n'y aurait pas plus d'inconvénient, au point de vue considéré, à introduire dans l'usage domestique le gaz hydrogène qu'à se servir de gaz de houille ou de gaz Leprince, il y a pourtant une circonstance qui tendrait, dans l'emploi du premier, à rendre l'air inflammable dans un délai plus court; c'est que, l'hydrogène devant être soumis à une pression beaucoup plus forte que les deux autres gaz, il s'en échappera, en un temps donné, un volume plus considérable par une fuite de même étendue. Ce fait, qui ne peut être nié, rendra l'usage du gaz à l'eau, pour le chauffage et l'éclairage, plus périlleux que celui des autres. On objectera peut-être que le péril diminuera par cela même que le gaz à l'eau, étant d'une excessive légèreté, montera, au fur et à mesure qu'il s'échappe, vers le plafond de l'appartement et sera poussé au dehors par la moindre fissure, qui se trouvera dans cette partie. Je ne doute guère que l'hydrogène ne s'accumule en effet en plus grande proportion vers le plafond, que dans l'air qui occupe le bas et le milieu de la chambre; cependant il y aura toujours mélange, et ce mélange s'effectuera d'autant plus rapidement que la différence de densité des gaz sera plus grande. Mais d'un autre côté, le mélange de gaz à l'eau et d'air atmosphérique étant spécifiquement plus léger que celui de gaz de houille ou de gaz Leprince avec l'air, toujours dans les mêmes proportions, j'aime à croire que le premier mélange sera entraîné plus rapidement à travers les fissures qu'il rencontrera, et partant qu'il y aura un renouvellement d'air plus actif. Il y aura donc peut-être, par ce fait même, quelque compensation; mais il serait difficile de se prononcer sur l'étendue de cette compensation, qui pourra être modifiée par de nombreuses circonstances non appréciables.

Ci-dessus nous avons reproché au gaz de houille son odeur détestable, et nous avons reconnu, dans l'absence de toute odeur sensible chez le gaz à l'eau, une supériorité marquée pour celui-ci. Cependant cette odeur dont est imprégné le gaz de houille, accuse immédiatement les fuites qui ont lieu, et offre ainsi un moyen précieux pour en prévenir les dangers: quoique fort désagréable, elle a donc un avantage réel, qui manque au gaz à l'eau. Rien pourtant ne sera plus facile que de rendre le gaz à l'eau odorant ; le consommateur n'aura qu'à verser dans le compteur quelque substance volatile odorante, telle qu'une huile essentielle choisie d'après son goût particulier, pour qu'une fuite soit signalée aussi bien que dans l'emploi du gaz de houille. Craint-on de communiquer au gaz une odeur agréable, on introduira dans le compteur quelques grammes de créosote, substance qui affecte l'odorat d'une manière assez désagréable pour obliger à rechercher immédiatement les fuites. On pourrait même rendre le gaz odorant dans le gazomètre ; les fuites seraient alors décelées sur tout son trajet ; il ne dépendrait plus du consommateur de faire usage ou non de la précaution indiquée, et la sécurité publique gagnerait sans doute à cette mesure.

PRIX DE REVIENT.

Les considérations auxquelles nous venons de nous livrer établissent suffisamment la supériorité du gaz à l'eau. A mon avis il ne saurait être douteux qu'il ne soit généralement préféré aussitôt que le prix de revient, non seulement du gaz sous cloche, mais aussi du gaz livré au bec, sera assez réduit, pour que la production d'une quantité donnée de lumière ou de chaleur n'entraîne pas une dépense plus forte qu' avec le gaz Leprince ; ou au moins pour que la différence ne soit pas telle qu'elle fasse payer trop cher les avantages attachés au gaz à l'eau.

Dans le calcul suivant du prix de revient, j'ai adopté pour les matières, les produits secondaires, la main-d'oeuvre, etc., les prix moyens de Maestricht, et je suis parti comme base de la quantité de gaz fabriquée à Narbonne pour la consommation journalière en hiver, soit 800 m. c. Le prix du charbon de bois à Maestricht peut être évalué en moyenne à fr. 8 les 100 kil. Le prix de la chaux, prise au port, y est de fr. 13,50 le mètre cube; amenée au pied de l'épurateur elle reviendra à environ fr. 14 [1]. Le prix de la houille (tout-venant, de Marihaye) peut être fixé à fr. 17,50 les 1000 kil. amenés au pied de la cornue. La valeur du coke a été calculée d'après le prix auquel ce produit se vend actuellement à Maestricht, à raison de fr. 8,50 les 10 hectol. Le prix de vente du goudron a été porté à fr. 5 les 100 kil.; celui des eaux ammoniacales à fr. 0,40 les 100 litres.

Prix de revient du gaz à l'eau.

D'après les résultats obtenus par nous à Narbonne, la production de 1 m. c. de gaz à l'eau, sous cloche, exige:

Charbon de bois . . . . 0,^{k}3243
Houille pour chauffer les cornues 1, 036
Chaux vive 1, 25

---

[1] Le résultat moyen des pesées faites par la Commission Impériale (sous la présidence de M. REGNAULT), nommée pour déterminer, par des expériences directes, les divers éléments qui permettraient de calculer le prix de revient du mètre cube de gaz à Paris, fixe le poids du mètre cube de chaux vive à 739 kil. J'ai adopté cette moyenne pour mes calculs. La même commission a trouvé pour le poids moyen d'un hectolitre de coke 42,5 kil.; j'ai également admis ce résultat, qui porte à fr. 2 le prix des 100 kil. de coke à Maestricht.

Pour 800 m. c. il faudra donc :

Charbon de bois 259^k,4 , à fr. 8 les 100 k. fr. 20,75^5
Houille 828^k,4 à fr. 17,50 les 1000 k. . 14,49^7
Chaux vive 1000 k., à fr. 14 les 759 k. . 18,91
Quatre journées d'ouvrier, à fr. 2 [1]. . . 8,00
Usure et réparations [2] 3,25
Tubes injecteurs 0,60
Les 800 m. c. sous cloche coûtent donc . 66,00^5

Le seul sous-produit est le carbonate de chaux. Les 1000 kil. de chaux vive placés dans les épurateurs,

---

[1]) Le personnel employé à Narbonne, serait plus que suffisant pour une usine appelée à produire un volume double de gaz. Il s'y trouve

$$
\begin{array}{lr}
\text{2 chauffeurs à fr. 4} & \text{fr. 8,00} \\
\text{2 aides-chauffeurs à fr. 2,50.} & 5,00 \\
\text{2 manoeuvres à fr. 1,75.} & 3,50 \\
\text{soit} & 16,50.
\end{array}
$$

D'après des renseignements que m'a fournis M. LEPRINCE, la main-d'oeuvre demandée pour faire venir sous cloche 800 m. c. de gaz, coûte fr. 8. Une usine de gaz à l'eau n'exige pas un personnel plus nombreux qu'une usine de gaz Leprince. Il est vrai qu'il faut surveiller le générateur de la vapeur d'eau, appareil qui n'existe pas dans l'usine de gaz Leprince; mais en revanche, on n'a pas à défourner, à éteindre, à transporter du coke. Les frais de main-d'oeuvre peuvent donc être considérés comme égaux pour une production égale de gaz à l'eau et de gaz Leprince.

[2]) J'ai aussi admis que la dépense pour usure et réparations, s'élève pour les deux gaz au même chiffre. La température à laquelle sont chauffées les cornues, diffère peu, à mon avis, dans les deux espèces d'usines. Seulement dans l'usine de gaz à l'eau, une dépense supplémentaire résulte de l'emploi des tubes injecteurs de la vapeur d'eau; cette dépense néanmoins est fort peu importante; les 10 tubes injecteurs des cinq cornues coûtent fr. 110; en supposant qu'ils doivent être renouvelés tous les six mois, les frais annuels de ce chef monteront à fr. 220, soit par jour ou pour les 800 m. c. de gaz, à fr. 0,60.

produisent en moyenne 2000 kil. d'un mélange de carbonate et d'hydrate de chaux. Mais quelle valeur peut avoir ce mélange? Cela dépendra probablement de circonstances locales. Là où il pourra être employé comme amendement par l'agriculture, sa valeur pourra être assez notable. J'admets qu'il n'en aura aucune pour la fabrication des mortiers. En conséquence je ne le porte en compte que *pro memoria*. Je n'ai également tenu aucun compte des frais de production de la vapeur d'eau. Dans aucune nouvelle usine à construire, on n'établira un four spécial pour le générateur de la vapeur, celui-ci pouvant être chauffé suffisamment, à condition qu'il soit bien placé, par la chaleur perdue des fours à cornues.

En résumé les 800 m. c. de gaz sous cloche coûtent fr. 66,00ᵃ, soit par mètre cube fr. 0,0825.

Prix de revient du gaz Leprince.

D'après le résultat des expériences que nous avons faites à l'usine de la Vieille-Montagne, 75 kil. de charbon de Marihaye produisent 17ᵐᶜ,85 au gazomètre; pour obtenir 800 m. c. de gaz il faut donc distiller 3360 kil. de houille.

Dépenses.

3360 kil. de houille, à fr. 17,50 les 1000 kil. . . . . fr.	58,80
80 kil. de chaux vive, à f. 14 les 739 kil.	1,51
4 journées d'ouvrier, à 2 fr. . .	8,00
Usure et réparations.	5,25
fr.	71,56 — 71,56.

Transp. dépenses — fr. 71,56

Produits.

Coke tout-venant 2468 kil.

D'où il faut déduire pour le chauffage des cornues, 20 k. par 100 k. de houille, soit   672 »

                    1796 »

Déduisant encore 5% pour escarbilles et poussière, soit . . . . 90 »

Reste à vendre, coke tamisé 1706 k., à fr. 2 les 100 kil. . . . . fr. 34,12

    Escarbilles et poussière, 90 k., à fr. 0,50 les 100 kil.   0,45

    Goudron, en moyenne de 1000 k. de houille (Marihaye) 26 kil., soit pour les 3360 kil. — $97^k,3$, à fr. 5 les 100 k.   4,86

    Eaux ammoniacales, en moyenne de 1000 kil. de houille 65 litr., soit pour les 3360 k., 218 litr. à fr. 0,40 les 100 litr.   0,87

                    fr.   40,30 — 40,30

Reste pour avoir sous cloche 800 m. c. de gaz Leprince, une dépense de . . . . . fr. 31,26.

Le mètre cube au gazomètre revient donc à fr. 0,03907.

Comme on le voit, il y a une différence très-considérable entre les prix de revient des deux gaz dont il s'agit ici. Cette différence ne tient pas à une plus grande dépense pour matières premières; au contraire celles-ci entraînent moins de frais pour le gaz à l'eau que pour le gaz Leprince, puisque pour 800 m. c. du premier ces frais ne s'élèvent, non compris la main-d'oeuvre, l'usure etc., qu'à fr. 54,16, tandis qu'ils atteignent, pour un volume égal du second, la somme de fr. 60,51. L'infériorité de prix de revient du gaz Leprince est due aux sous-produits, qui représentent, pour la quantité supposée de gaz, une valeur de fr. 40,48, et qui font défaut à la fabrication du gaz à l'eau.

Je ne puis nier que la quantité de coke, donnée par M. LEPRINCE comme moyenne des observations journalières, ne me paraisse un peu forte, car elle s'élève à 73,45 p°/₀ de la houille distillée. Il est vrai, la Commission Impériale sus-nommée a trouvé, en résultat moyen, une production de coke de 75,46 p°/₀, et M. A. CHEVALIER, membre du conseil municipal de Paris, assure dans son rapport, que pour les différentes usines de Paris, cette production varie de 1$^{hect.}$,40 à 1$^{hect.}$,60 par hectolitre de charbon. Le poids moyen d'un hectolitre de ce charbon étant, d'après M. CHEVALIER, de 83 kil., et le poids de l'hectolitre de coke pouvant être évalué à 42^{k},5, on obtiendrait donc, de 100 k. de houille, 71^{k},68—81^{k},92 de coke. Mais d'un autre côté les diverses Compagnies gazières de Paris n'accusent qu'un rendement en coke notablement inférieur; M. MARGUERITE déclare qu'une expérience de dix années (1844—1853), dans les huit usines appartenant aux six compagnies qui concourent à l'éclairage de Paris, n'a donné en moyenne que 1$^{hect.}$,29 de coke par hectol. de houille, soit 66,05 p°/₀. M. PAYEN, dans ses recherches, n'a obtenu que 1^{h},666 par 100 kil. de houille; soit 70,8 p°/₀. Le chiffre donné par la Commission, pour l'évaluation en poids du coke produit par la distillation, semble trop élevé, soit qu'on le compare à celui qui est indiqué par les Compagnies ou par M. PAYEN, soit qu'on se rapporte au poids absolu du carbone, signalé par l'analyse, dans les houilles employées habituellement à la fabrication du gaz d'éclairage.

Les Compagnies gazières attribuent l'élévation du chiffre trouvé par la Commission Impériale, à la circonstance que le coke a été pesé par elle *après avoir été éteint*, ce qui a fait porter en ligne de compte le poids de l'eau retenue. Dans son second rapport à l'Empereur la Commission reconnaît la justesse de cette observation, et ajoute qu'il est impossible d'enlever, même par une longue exposition à l'air, cette eau, qui ne se dégage complétement, ainsi qu'elle s'en est assurée, que si on porte le coke à la chaleur rouge. Mais la Commission fait remarquer qu'elle n'était chargée que de rechercher, par des expériences directes, à quel prix le mètre cube de gaz peut être fabriqué actuellement dans une usine située hors de Paris; qu'elle a dirigé ses opérations et ses calculs de manière à éviter l'influence de cette cause d'erreurs sur les résultats définitifs; et que l'état d'humidité du coke n'a pu exercer aucun effet sur sa valeur en argent, cette valeur ayant été estimée plus faible dans la même proportion. Il est vrai que, grâce à cette précaution, l'humidité du coke n'a pu influencer le prix de revient calculé pour le mètre cube de gaz; mais cela n'empêche pas que la Commission Impériale n'ait évalué trop haut la production du coke. Cette évaluation ne peut d'ailleurs être soumise à aucune règle fixe, la quantité de coke variant beaucoup suivant la qualité du charbon. En examinant une série d'expériences faites en Angleterre, on reconnait que la proportion de coke, obtenue de 100 kil. de houille, a varié, dans les essais de BARLOW de 51,8 à 68,7 kil., et dans ceux de WRIGHT de 47,5 à 64 kil. Dans une autre suite d'expériences, faites par STEIN avec des houilles allemandes, la production en coke a oscillé entre 50 et 68,75 p⁰/₀. La maximum de ces nombres reste notablement au-dessous des données moyennes de M. LEPRINCE et de la Commission Impériale, et considérablement au-dessous des résultats communiqués par M. CHEVALIER.

La quantité de coke à brûler pour distiller 100 kil. de houille, a été fixée par la Commission Impériale à $20^k,43$, moyenne déduite d'une série d'expériences où cette quantité avait oscillé entre $19^k,38$ et $21^k,60$; et même des essais ultérieurs, entrepris pour lever quelques objections des Compagnies gazières, n'exigèrent que $17^k,847$—$18^k,528$ de coke par 100 k. de houille. D'après les Compagnies gazières au contraire, l'expérience de dix années a établi une moyenne de $24^k,75$, même en ne tenant pas compte d'une partie du goudron provenant de la fabrication, qui est retenue dans le cylindre rempli de coke, à travers lequel le gaz doit passer avant de venir dans les épurateurs à chaux hydratée; ce coke étant toujours employé au chauffage. L'économie de combustible obtenue par la Commission Impériale, est attribuée par les Compagnies gazières à différentes circonstances: 1⁰. la Commission a opéré avec un four neuf, qui consommerait beaucoup moins de combustible qu'un four vieux; 2⁰. ce four a marché sous la surveillance d'un ingénieur; 5⁰. la Commission a exécuté ses expériences dans des fours préalablement chauffés à la température de distillation, etc.; 4°. elle a employé des cornues en fonte, tandis que dans les usines de Paris on emploie exclusivement des cornues en terre, qui exigent une plus grande dépense de combustible. A cela la Commission répond : que pendant les huit mois de roulement continu, il lui a été impossible de reconnaître la moindre augmentation dans la consommation de combustible dans le four d'essai (à Sèvres); que rien n'empêche les compagnies de faire surveiller, comme elle l'a fait, le chauffage des fours; que la troisième objection ne pourrait, en tout cas, s'appliquer qu'à une fraction assez petite de l'année, dont l'influence devient presque insensible pour les fours qui ont une longue campagne; qu'il est incontestable que les cornues en fonte exigent moins de combustible que les cornues en terre; qu'il paraît cependant difficile à admettre que l'avantage qui en résulte, puisse contre-balancer un excédant continu de dépense sur le combustible, évalué en moyenne à 13 p%.

Quoiqu'il en soit, il est certain que nous ne serons pas très-éloignés de la vérité, en admettant que 20 kil. de coke suffisent pour distiller 100 kil. de houille d'après le procédé Leprince. Il faut prendre en considération en effet, que dans ce procédé la distillation de la houille est rendue, par la vapeur d'eau, plus vive, plus accélérée, de sorte qu'elle s'achève en 3 à $3\frac{1}{2}$ heures, au lieu de durer 4 à $4\frac{1}{2}$ heures comme dans le procédé ordinaire. On calcule habituellement que $\frac{1}{3}$ du coke produit, soit 33 p%, est exigé pour le chauffage; dans les expériences de la Commission la consommation a été de 27 p%; le procédé Leprince ne doit pas en demander davantage.

La quantité de chaux vive indiquée par M. LEPRINCE, est plus grande que celle qui a été employée par la Commission Impériale. D'après les chiffres donnés plus haut, M. LEPRINCE applique à l'épuration du gaz, 2^k,58 de chaux vive par 100 kil. de houille. La moyenne des quantités de chaux vive dont a fait usage la Commission, s'élève à 1^k,292 par 100 kil. de houille. Il est vrai qu'on ne peut établir aucun rapport fixe entre le poids du charbon et la proportion de chaux à introduire dans les épurateurs, cette proportion variant beaucoup suivant la qualité du charbon, et augmentant par exemple pour les houilles très-sulfureuses, qui développent plus de gaz sulfhydrique. Mais ni la Commission Impériale, ni M. LEPRINCE, ne se sont servis de houilles pareilles. Je suis donc porté à croire que la quantité de chaux vive pourra être diminuée dans le système Leprince; d'autant plus que les recherches de M. FRANKLAND sur *l'hydro-carbon-process* de White (dont, en principe, le système Leprince n'est qu'une imitation), ont montré, comme nous l'avons déjà vu, que le gaz en quittant la cornue contient une moindre proportion d'acide carbonique que n'en renferme le gaz ordinaire.

Le système Leprince fournit moins de goudrons que la méthode ordinaire, et nous avons déjà expliqué (pag. 51) que cela tient à la nature même du système.

J'ai également fait connaître (pag. 55) quelles modifications, à mon avis, le procédé Leprince devrait subir, pour que la quantité de gaz obtenue fût considérablement augmentée, sans que le pouvoir éclairant du produit éprouvât une réduction proportionnelle. De même le prix de revient du gaz à l'eau pourrait, sans aucun doute, être abaissé notablement. J'ai pris pour base de mes calculs les résultats obtenus par nous à l'usine de Narbonne; mais j'ai des motifs de présumer que ces résultats ne furent pas des plus favorables, tant sous le rapport de la consommation de combustible, que sous le rapport de la production de gaz.

Nous avons trouvé qu'il fallait $1^k,056$ de charbon de terre, par mètre cube de gaz sous cloche; une autre expérience avait donné une consommation plus forte, mais la première montre que la quantité indiquée *peut* suffire au chauffage. Les essais de M. VAN DEN BROECK, que j'ai rapportés plus haut, ont exigé 175 kil. de houille par cornue en 24 heures; mais ces essais eurent lieu avec deux fours, l'un à 3, l'autre à 5 cornues, tandis que les nôtres n'employèrent qu'un seul four, de la seconde espèce; or on sait que les fours à cinq cornues brûlent relativement beaucoup moins de combustible que ceux à trois cornues, par ce que la chaleur produite y est mieux utilisée. En outre M. VAN DEN BROECK ne fait pas connaître la quantité de gaz obtenue dans ses expériences, et par là tout moyen de comparaison nous échappe. Le gérant de la Société Narbonnaise nous certifia, et les comptes d'administration confirment, que pour avoir en moyenne 720 m. c. de gaz sous cloche, il faut consommer, pour chacune des cinq cornues, 125 kil. de houille de New-castle en 24 heures. Cela fait 625 kil. de houille pour 720 m. c. de gaz, soit pour 1 m. c. $0^k,868$.

Les premières feuilles de ce mémoire étaient déjà imprimées, lorsque je reçus le rapport de M. EYCK-HOLT, Directeur au ministère des travaux publics en Belgique, qui avait été envoyé à Narbonne, avec M. l'ingénieur MAURISSEN, afin d'y examiner également l'éclairage au gaz à l'eau. De ce rapport, adressé au Ministre des travaux publics, en date du 27 Juillet 1857, il résulte entre autres, que dans un essai fait sous leurs yeux, la consommation du charbon de terre a été, pour le chauffage des cornues, de $0^k,93$ par mètre cube de gaz produit. Cette consommation se rapproche déjà davantage de celle indiquée par le gérant de la société, et montre en tout cas que $0^k,95$ de combustible sont suffisants. Pour envoyer sous cloche 720 m. c. de gaz (la production journalière), il faudrait d'après nos observations $745^k,9$ de houille; d'après celles de M. M. EYCKHOLT et MAURISSEN seulement $669^k,9$. C'est déjà un avantage de $76^k,3$, soit une économie en combustible de 10,22 p%.

J'ai fait, dans un autre endroit, remarquer qu'à notre avis la cheminée, haute de 25 m., occasionne à Narbonne une perte énorme de chaleur, et qu'un tirage moins fort aurait pour conséquence une économie considérable de combustible. On a tenu compte de cette observation, comme le prouve le passage suivant d'une lettre, qui m'a été adressée, au mois d'Octobre dernier, par M. PRAX, professeur de chimie à Narbonne: »On chauffe en tenant »les registres presque fermés, ce qui nous économise »fourneaux et cornues et de plus 50 p% de houille. »Vous aviez raison en disant que notre cheminée avait »évidemment un trop fort tirage." Avant de terminer ce mémoire, j'ai cru devoir recueillir de nouveaux renseignements sur les résultats ultérieurs de la modification apportée au chauffage, et M. PRAX m'écrit, en date du 6 Mars dernier: »La méthode de chauffage »dont je vous ai parlé, est toujours bonne, et c'est elle

»qui, en grande partie, nous a mis à même de faire
»marcher avec des cornues de rebut et de mauvais
»charbons, notre usine."

Dès-à-présent il est donc hors de doute qu'une réduction importante pourra être obtenue dans la consommation de combustible. Jusqu'où cette réduction ira-t-elle, et quelle influence exercera-t-elle sur le prix de revient du gaz, surtout dans de nouvelles usines, construites d'après les exigences de l'art, voilà ce qu'il est difficile de déterminer à priori.

Mais si les frais considérables de chauffage ont pu être diminués de 50 p%, il reste toujours la dépense pour la chaux d'épuration, dépense beaucoup plus forte pour le gaz à l'eau que pour le gaz Leprince. Pour 800 m. c. de gaz sous cloche, la dépense en chaux vive est, comme nous l'avons vu, de fr. 18,91 avec le gaz à l'eau, et de fr. 1,51 avec le gaz Leprince.

L'épuration du premier coûte au moins 2 centimes de plus par mètre cube, que celle du second. Et pourtant la quantité de chaux pourrait encore être diminuée dans l'épuration du gaz Leprince, mais non dans celle du gaz à l'eau.

Avant notre arrivée à Narbonne on avait essayé, et on nous l'assurait, avec un plein succès, de remplacer une partie de la chaux par du sel de soude. Des communications postérieures (du 6 mars) annoncent que la substitution du sel de soude a donné des résultats si favorables, qu'on a cru devoir en faire l'objet d'un brevet d'invention (même pour notre pays). Le sel de soude est placé sur les claies légèrement humecté. Il est transformé en bicarbonate de soude, lequel peut être ramené facilement à l'état de carbonate par une partie de la chaleur perdue des fours. Son emploi n'entraine donc pas d'autres frais que ceux qui résultent des déchets inévitables.

Calculons le prix de revient du gaz épuré par le sel de soude. Rappelons nous (pag. 9) que chaque volume de 11^{mc},163 d'hydrogène à $0°$ C. et 0^m,760 de pression ($= 1$ kilogr.) est accompagné de 11 kil. d'acide carbonique, ce qui fait 788^k,3 pour les 800 m. c. de gaz. Cette quantité d'acide carbonique peut transformer en bicarbonate 1899 kil. de carbonate de soude anhydre. Admettant que le sel de soude du commerce renferme $90°/_0$ de carbonate anhydre (la soude caustique qui peut s'y trouver étant calculée comme carbonate), il faudra 2110 kil. de ce sel pour faire absorber les 788^k,5 d'acide carbonique, dans la supposition qu'aucune partie du gaz n'échappe à l'action de la soude. Cette hypothèse étant impossible à réaliser, on devra augmenter la quantité de sel; nous évaluerons l'augmentation à 10 $p°/_0$, ce qui porte la quantité totale exigée à 2520 kil. Il va sans dire qu'une partie du sel se perdra journellement, dans les manipulations diverses auxquelles il doit être soumis. Estimons cette perte à 1 $p°/_0$, quoiqu'il me paraisse très-improbable qu'il puisse y avoir chaque jour un déchet de 23 kil., dans une usine tant soit peu surveillée; alors l'épuration de 800 m. c. de gaz coûtera, par le fait du sel de soude, fr. 7,89; la soude à 90 $p°/_0$ est comptée ici à raison de fr. 54 les 100 kilogr., prix auquel elle reviendrait à Maestricht, livrée à l'usine. Les frais d'épuration, pour le volume de gaz supposé, seraient donc réduits de fr. 18,91 à fr. 7,89 [1]).

----

[1]) On a prétendu que, les sels de soude ayant la propriété de co-

Si l'expérience vient à prouver la justesse de notre calcul, s'il se confirme en outre que la moitié du combustible, autrefois nécessaire pour le chauffage, peut être économisée, le prix de revient du mètre cube de gaz à l'eau sous cloche se trouvera abaissé de fr. 0,0825 à fr. 0,0596. Le gaz à l'eau n'en restera pas moins notablement plus dispendieux que le gaz Leprince, et je suis convaincu d'ailleurs que le prix de ce dernier est également susceptible de réduction, si l'on veut mettre en pratique les perfectionnements que nous avons suggérés à l'article qui traite du gaz Leprince. La Commission Impériale est arrivée, dans ses expériences d'essai, à produire du gaz qui ne coûtait rien du fait seul de la houille, celle-ci étant payée par les sous-produits. Il dépend de la valeur locale des sous-produits, qu'on puisse fabriquer du gaz Leprince également sans frais du fait seul de la houille. Quant au gaz à l'eau cela ne pourra jamais être le cas, le seul produit secondaire qu'on obtienne, en employant la chaux vive pour l'épuration, n'ayant qu'une valeur minime, sinon tout-à-fait nulle. En substituant la soude à la chaux, il se pourrait que les frais d'épuration fussent couverts par la plus-value du bicarbonate de

-----

lorer en jaune la flamme de l'alcool, la flamme du gaz à l'eau, épuré sur la soude, offrirait la même coloration. Une pareille opinion n'a pas besoin d'être réfutée. Lors même que le gaz pourrait, en traversant le sel de soude humecté, en entraîner mécaniquement quelques traces, il faudrait pour qu'elles pussent arriver au bec, qu'elles restassent en suspension pendant le séjour du gaz dans le gazomètre, et pendant tout son trajet à travers les conduites. Dans le fait on n'a pu, en employant la soude, trouver à la flamme aucune coloration différente de celle, que présente la flamme du gaz épuré sur la chaux hydratée.

soude, si ce sel était livré au commerce au lieu d'être
ramené par la chaleur à l'état de carbonate. Reste à
savoir jusqu'à quel point il serait avantageux de réunir
à une usine de gaz un atelier destiné à la dissolution,
l'évaporation à l'air, la cristallisation etc. du bicarbonate de soude. On a proposé aussi, et on a essayé à
Narbonne, d'opérer la réduction du bicarbonate dans
des cylindres fermés, et de faire servir l'acide carbonique dégagé à la préparation de la céruse, par une
réaction analogue à celle qui s'effectue à Clichy. Mais
alors l'usine de gaz ne serait plus que l'accessoire,
la fabrication de la céruse devenant l'objet principal.
En effet, puisqu'une usine de gaz à l'eau, produisant
journellement 800 m. c. de gaz sous cloche, fournit
en même temps 788^k,3 d'acide carbonique, il faudrait,
pour utiliser cet acide carbonique à la production du
blanc de plomb (3 (Pb O. C O^2) + Pb O. H O), travailler
chaque jour 5527 kil. d'oxyde de plomb, rendant 6222
kil. de céruse, soit par an 1,944355 kil. d'oxyde pour
2.271030 kil. de céruse. Cette quantité d'oxyde de plomb
représente un capital de fr. 1,672145. Si l'on tient
compte des intérêts de ce capital, des frais de main-
d'oeuvre, d'administration etc., etc., on arrive à la
conclusion que dans une usine de gaz à l'eau, pouvant
marcher avec un capital qui ne dépasse probablement
pas 2 à 300,000 francs, il faudrait, pour ne pas laisser perdre l'acide carbonique, mettre annuellement
en circulation une somme d'environ 2 millions de
francs.

L'usine de gaz perdrait toute son importance propre,
par l'application d'un sous-produit qui, fabriqué exprès
à l'aide de la combustion du coke, n'exigerait annuel-

lement qu'une dépense de quelques centaines de francs.

A mon avis il ne faut donc pas espérer que le prix de revient du gaz à l'eau puisse subir quelque diminution notable par la valeur des sous-produits; il ne faut chercher cette diminution que, 1º dans la production de l'hydrogène à moins de frais que par le charbon de bois, 2º dans l'économie de combustible, 3º dans une méthode d'épuration moins dispendieuse qu'à l'aide de la chaux vive.

Je dois encore attirer ici l'attention sur une circonstance qui ne sera pas sans influence sur le volume venu sous cloche, et par conséquent sur le prix de revient du gaz à l'eau. Je veux parler de la grande pression qu'il faut exercer sur le gaz pour alimenter les becs, pression qui est de 17—20 centim. d'eau dans les barillets, et à laquelle naturellement se trouve aussi soumis le gaz produit dans les cornues. On conçoit que, sous une pareille pression, le danger de fuites soit beaucoup plus grand que dans la fabrication du gaz de houille ou du gaz Leprince, ou la pression ne s'élève qu'à environ 3 centim. La moindre ouverture, la fissure la plus imperceptible dans les cornues, donnent lieu à des pertes considérables; d'autant plus que pouvant être considérées comme pratiquées en paroi mince, la vitesse d'écoulement qu'elles produisent, sera même à pression égale, dans le rapport inverse des racines carrées des densités des gaz, rapport éminemment défavorable au gaz à l'eau. On pourrait écarter cet inconvénient à l'aide d'un extracteur du gaz, placé entre les cornues et le barillet, et tournant assez rapidement pour prévenir toute pression dans les cornues; une petite machine, mue par la vapeur du générateur destiné à alimenter les cornues, servirait à imprimer le mouvement à l'extracteur.

Il ne faut pas perdre de vue que le prix de revient, tel que nous l'avons établi pour les deux gaz est celui du gaz *pris au gazomètre*, et qu'il n'a été tenu aucun compte de l'intérêt des capitaux engagés, des frais d'administration, etc. Quant à déterminer de combien le capital nécessaire pour la construction d'une usine de gaz à l'eau, pourra être inférieur par le fait des conduites plus étroites, au capital exigé de ce chef pour une usine de gaz Leprince, la solution de cette question dépendra, comme nous l'avons developpé (pag. 72 sqq.), du nombre des becs à alimenter et de la longueur des conduites.

La différence entre les prix de revient des deux gaz, déjà considérable au gazomètre, augmente encore si le gaz doit être livré au bec, à cause de la perte qu'il éprouve inévitablement dans son passage à travers les conduites. Les différentes Compagnies gazières de Paris, dans leur Mémoire au Conseil d'Etat, ont évalué cette perte en moyenne à 16 p%. Cette allégation n'ayant pas été réfutée, nous pouvons la considérer comme l'expression de la vérité, et en déduire que le prix de revient d'un mètre cube de gaz à l'eau *livré au bec* sera de fr. 0,0957, et celui d'un volume égal de gaz Leprince de fr. 0,04552.

Si, à égalité de volume, le pouvoir éclairant des deux espèces de gaz était le même, le rapport entre les prix de revient serait aussi celui des dépenses à faire pour obtenir, de l'un et de l'autre gaz, une lumière d'intensité donnée. Mais nous avons vu que cette égalité de pouvoir éclairant n'existe pas; que la lumière produite par la consommation de 100 litres de gaz équivaut, pour le gaz Leprince à celle de 7,35 bougies, et pour le gaz à l'eau, brûlé dans le bec le plus avantageux, seulement à 5,22 bougies; qu'il y a par conséquent une différence de 2,13 bougies, soit de 29 p% en faveur du gaz Leprince; ou en d'autres termes, qu'il faut brûler 29 p% plus de gaz à l'eau pour avoir une lumière de même force. Le prix de revient du mètre cube de gaz à l'eau consommé au bec, doit donc être augmenté de 29 p% du chef de son pouvoir moins éclairant, ce qui le porte à fr. 0,12345. En définitive la même quantité de lumière coûtera 2,723 fois autant avec le gaz à l'eau qu'avec le gaz Leprince.

La différence des frais est encore beaucoup plus considérable lorsqu'on veut employer les deux gaz au chauffage. Nos calculs antérieurs (pag. 100) ont montré que la production d'une égale quantité de chaleur exige, dans le même temps, la consommation de 2,79 fois plus de gaz à l'eau que de gaz Leprince. Pour chauffer au même degré par l'un et par l'autre, les frais seraient donc comme 26700 à 4532, c'est-à-dire comme 5,891 : 1.

De tout ce qui précède il résulte clairement, que partout où le charbon de bois aura la valeur supposée, où le charbon de terre pourra s'obtenir aux conditions indiquées, où les sous-produits pourront être écoulés aux prix désignés, le prix de revient du gaz à l'eau sera toujours beaucoup plus élevé que celui du gaz Leprince, et relativement trop élevé pour que son emploi, soit au chauffage soit à l'éclairage, présente quelques chances de succès. Il en sera tout autrement là où la houille est chère et le charbon de bois et les sous-produits n'ont qu'une faible valeur. Dans tous les pays par conséquent qui sont riches en forêts, où, le sol ne renfermant pas de couches de houille, ce combustible ne pourra être amené que de loin et souvent à grands frais, où, à cause de la grande abondance du bois, le coke ne trouvera pas de consommateur; dans tous ces pays dis-je, non seulement le gaz à l'eau sera à sa place, mais fournira un mode précieux d'éclairage. C'est surtout dans les contrées qui offrent cette réunion des conditions indiquées, qu'un bel avenir est réservé, j'en suis convaincu, à l'éclairage au gaz à l'eau.

ADDITION.

La première édition de cet ouvrage présentait une lacune que j'ai cru devoir combler dans cette édition nouvelle.

En traitant du pouvoir éclairant j'avais communiqué il est vrai, les expériences comparatives entre le gaz à l'eau et le gaz Leprince, mais j'avais omis de rapporter les pouvoirs éclairants de ces deux gaz à celui d'un gaz plus généralement connu, savoir le gaz de houille obtenu par le procédé ordinaire. A cet égard mon travail n'offrait donc qu'une comparaison entre deux inconnues, comparaison à laquelle manquait un point de départ commun. C'était le désir de ne donner à mon ouvrage que l'étendue nécessaire, qui m'avait entraîné à faire cette omission. Reconnaissant toutefois qu'elle constitue un défaut véritable, je m'empresse de la réparer, maintenant que l'occasion s'en présente.

Non seulement en effet j'avais exécuté sur le gaz de houille les expériences nécessaires pour la détermination du pouvoir éclairant, mais j'avais été à même d'examiner sous ce rapport comme sous celui de la composition, du gaz ordinaire de houille et du gaz Leprince obtenus de la *même* espèce de charbon; ce qui me permettait d'apprécier l'influence qu'exerçaient sur les produits de la distillation de la houille, ceux de la décomposition de l'eau par le coke incandescent.

C'est pendant mon séjour à Verviers que j'ai pu faire cette comparaison instructive. La ville de Verviers est éclairée par du gaz obtenu de la manière ordinaire, par la distillation de la houille; la fabrique de M. SIMONIS, à Verviers, emploie le gaz Leprince (v. p. 53), et toutes deux font usage de la même espèce de houille, celle de Marihaye. Les mêmes appareils ont servi pour la détermination du pouvoir éclairant de l'un et de l'autre gaz: même photomètre, même compteur, même bec et même cheminée. Voici le résultat moyen de cinq déterminations faites sur le gaz de houille obtenu par le procédé ordinaire:

Pression 0^m,014 d'eau.

Consommation . . . 240 litres par heure.
Pouvoir éclairant . . . 9½ bougies.
Soit pour 100 litres . . 3,96   »

Le même soir le gaz Leprince de la fabrique de M. SIMONIS fournit les résultats suivants:

Pression 0^m,014 d'eau.

Consommation . . . 240 litres par heure.
Pouvoir éclairant . . . 12 bougies.
Soit pour 100 litres . . 5   »

Sur 100 litres de gaz brûlés, le pouvoir éclairant du gaz Leprince est de 1,04 bougies plus grand que celui du gaz ordinaire de houille obtenu de la même espèce de charbon; soit donc de 26,2 p%.

J'ai rapporté plus haut (pag. 53) que M. LEPRINCE assurait avoir constaté plusieurs fois un pouvoir lumineux de son gaz supérieur à celui que nous venions d'obtenir, et qu'il attribuait l'infériorité de nos résultats à ce que le charbon employé par la fabrique de M. SIMONIS n'était pas de la qualité la plus convenable. Les expériences que j'ai faites postérieurement à l'usine de la Vieille-Montagne (pag. 54) ont donné en effet des résultats plus avantageux, le pouvoir éclairant ayant été trouvé de 7,35 bougies pour 100 litres de gaz. Le charbon employé était encore de Marihaye, mais d'une qualité supérieure. En prenant ce dernier chiffre pour point de départ, l'excès de pouvoir éclairant du gaz Leprince deviendrait encore plus notable. J'ai cru toutefois devoir m'en tenir aux résultats obtenus à Verviers, qui peuvent inspirer toute confiance; la houille traitée à la fabrique de M. SIMONIS étant de qualité inférieure, celle dont on se servait pour l'éclairage de la ville a pu être meilleure, tandis que le contraire n'est pas probable.

ANALYSE DU GAZ DE HOUILLE ORDINAIRE, EMPLOYÉ à L'ÉCLAIRAGE DE LA VILLE DE VERVIERS.

La méthode suivie pour l'analyse est la même que celle qui a été appliquée au gaz Leprince (pag. 56). J'ai trouvé les résultats suivants:

Hydrocarbures	$8,02 = 10,74$ p%
d'hydrogène bicarboné.	
Hydrogène proto-carboné .	58,92
Hydrogène	24,83
Oxyde de carbone . . .	6,85
Acide carbonique . . .	0,86
Azote	0,09
Pertes	0,43
	100,00

1 vol. d'hydrocarbures donnait 2,67 vol. d'acide carbonique.

La différence essentielle entre la composition de ce gaz et celle du gaz Leprince, consiste dans la quantité des hydrocarbures et dans leur richesse en vapeur de carbone; non seulement les hydrocarbures sont plus abondants dans le gaz Leprince, mais ils équivalent aussi à une plus grande quantité d'hydrogène bicarboné. La proportion d'hydrogène proto-carboné est un peu plus forte dans le gaz venu par le procédé ordinaire; tandis que la proportion d'hydrogène et d'oxyde de carbone est au contraire un peu plus faible. Mais nous avons vu précédemment que les derniers gaz n'ont aucune influence sur le pouvoir éclairant du mélange.

Nous avons montré également que dans l'*hydro-carbon process* de WHITE le rapport entre les gaz non éclairants et les gaz éclairants s'accroît notablement, et que c'est à cette circonstance qu'il faut attribuer surtout l'augmentation si importante du volume de gaz obtenu (pag. 51). Le tableau suivant fait connaître, pour différentes espèces de charbon, le décroissement que subit la proportion centésimale d'hydrocarbures éclairants par le procédé White:

Numéro.	ESPÈCE DE HOUILLE.	Procédé ordinaire.		Procédé White.		Diminution de l'hydrogène bicarboné en 100 volumes de gaz.
		Quantité d'hydrocarbures en centièmes.	Quantité équivalente d'hydrogène bicarboné.	Quantité d'hydrocarbures en centièmes.	Quantité équivalente d'hydrogène bicarboné.	
1	Wigan cannelcoal.	10,81	15.13	10.55	13.72	1.41
2	Boghead cannelcoal.	24.50	31.11	14.12	19.84	11.27
3	Lesmahago cannelcoal.	16.31	28.30	10.89	19.05	9.25
4	Methyl cannelcoal.	14.48	18.53	11.06	14.05	4.48
5	New-Castle cannelcoal.	9.68	16.94	9.04	13.15	3.74

On voit que ce procédé abaisse de 1,41—11,27 volumes pour cent la teneur du gaz en hydrogène bicarboné. Il s'ensuit naturellement que le pouvoir éclairant d'un volume donné de gaz White doit être, dans le même rapport, moindre que celui du gaz obtenu de la même espèce de charbon, par la méthode ordinaire. On peut déduire des expériences que M. FRANKLAND a faites à ce sujet, que la diminution de pouvoir éclairant se fait, en moyenne, dans le rapport de 1 : 0,774, c'est-à-dire qu'elle est de 22,6 p%.

Mais si le procédé White, tend à abaisser la proportion centésimale d'hydrogène bicarboné, il élève au contraire considérablement la production totale de ce gaz; c'est ce que le tableau suivant met en pleine évidence:

Numéro.	ESPÈCE DE HOUILLE.	Volume de gaz venu du même poids de houille par le		Augmentation du volume donné en centièmes.	Quantité de gaz hydrogène bicarboné contenu dans le gaz produit par le		Augmentation du gaz hydrogène bicarboné en centièmes.
		procédé ordinaire.	procédé White.		procédé ordinaire.	procédé White.	
1	Wigan cannelcoal.	545	806	47.9	81.27	108.9	33.9
2	Boghead cannelcoal.	662	1908	290.6	202.80	373.0	85.9
3	Lesmahago cannelcoal.	531	1459	174.8	148.00	273.9	85.1
4	Methyl cannelcoal.	478	1320	176.2	87.00	182.6	109.2
5	New-Castle cannelcoal.	515	751	45.8	85.90	97.3	13.3

La dernière colonne indique dans quelle proportion centésimale s'est accrue la quantité d'hydrogène bicarboné. La comparaison de cette colonne avec la troisième montre toutefois que cet accroissement n'est pas proportionnel à celui de la production totale de gaz. La différence de richesse du gaz en hydrogène bicarboné, établie par le premier tableau, rend raison de ce fait, qui à son tour explique la diminution de pouvoir éclairant à volume égal.

Si nous établissons maintenant un parallèle entre les résultats obtenus par M. FRANKLAND dans son examen comparatif du gaz White et du gaz ordinaire de houille, et les résultats auxquels je suis arrivé moi-même dans mes recherches comparatives sur le gaz Leprince et le gaz ordinaire, venus de la même espèce de houille, nous serons amenés à conclure qu'il existe, sous plusieurs rapports, une différence notable entre les deux procédés, White et Leprince.

La proportion des hydrocarbures, dans un volume donné de gaz, se trouve diminuée par l'application du procédé White, augmentée par l'emploi du procédé Leprince.

Le gaz Leprince pris à Verviers contenait 8,37 p% d'hydrocarbures, le gaz ordinaire de Verviers seulement 8,02 p%. En outre ces hydrocarbures n'étaient pas de part et d'autre, également riches en vapeur de carbone. Les 8,02 vol. d'hydrocarbures, contenus dans 100 vol. de gaz de houille de Verviers, équivalent à 10,74 vol. d'hydrogène bicarboné, soit:

$$1 \text{ vol. à } 1,33 \text{ vol.}$$

Les 8,37 vol. d'hydrocarbures des 100 vol. de gaz Leprince de Verviers représentent 11,95 vol. d'hydrogène bicarboné, soit

$$1 \text{ vol. à } 1,43 \text{ vol.}$$

Il résulte donc de cette comparaison que l'application du procédé Leprince à la distillation d'une espèce donnée de houille, a pour conséquence un accroissement de la proportion des hydrocarbures ainsi que de leur teneur en vapeur de carbone.

Une semblable augmentation n'est pas produite par l'application du procédé White à toute espèce de charbon; le plus souvent au contraire la richesse en vapeur de carbone s'en trouve diminuée, comme on peut le voir dans le tableau suivant:

Numéro.	ESPÈCE DE HOUILLE.	Volume d'hydrogène bicarboné équivalant à un volume d'hydrocarbures, venu par le		Différence en teneur de vapeur de carbone.
		procédé ordinaire.	procédé White.	
1	Wigan cannelcoal.	1.40	1.30	— 0.10
2	Boghead cannelcoal.	1.27	1.40	+ 0.13
3	Lesmahago cannelcoal.	1.74	1.74	
4	Methyl cannelcoal.	1.21	1.26	+ 0.05
5	New-Castle cannelcoal.	1.75	1.44	— 0.31
	En somme.	5.63 [1])	5.40	— 0.23
	En moyenne.	1.407	1.350	— 0.057

Tandis que le gaz White produit un effet lumineux moindre qu'un volume égal de gaz retiré de la même espèce de houille par la méthode ordinaire, le pouvoir éclairant du gaz Leprince est au contraire notablement supérieur à celui du gaz obtenu sans l'intervention de la vapeur d'eau. Nous avons vu en effet que sous ce rapport le gaz White présente une diminution de 22,6 p%, le gaz Leprince une accroissement de 26,2 p%.

En revanche le volume de gaz extrait par le procédé Leprince d'un poids donné de houille, ne paraît pas dépasser beaucoup le volume dégagé, du même poids de charbon, par la méthode ordinaire. N'ayant pas eu l'occasion de comparer les deux rendements, je ne puis formuler à cet égard de conclusion rigoureuse. Mais si nous considérons que d'après la Commission Impériale (mentionnée ci-dessus, pag. 115) la produc-

---

[1]) On n'a pas tenu compte de l'espèce n°. 3, puisqu' elle a donné le même résultat pour les deux procédés.

tion moyenne de gaz, par le procédé ordinaire, s'élève à 22^{mc},94 pour 100 kil. de charbon; qu'une expérience de dix années a conduit les Compagnies gazières qui concourent à l'éclairage de la ville de Paris, à évaluer cette même production à 23^{mc},8; que le rendement constaté par nous à l'usine de la Vieille-Montagne est de 23^{mc},5; enfin que la Commission Impériale se servait en grande partie de charbon de Mons, et les Compagnies gazières de charbons de Mons et de Denain, variétés qui toutes deux fournissent un plus grand volume de gaz que la houille moins grasse de Marihaye; si nous avons égard à toutes ces données, nous ne courrons pas grand risque de nous tromper en admettant que l'application du procédé Leprince à la distillation d'une espèce déterminée de charbon, augmente la production de gaz. Cette conclusion paraîtra encore moins hasardée si l'on réfléchit qu'outre les gaz provenant de la distillation de la houille, il y a encore les produits de la décomposition de l'eau par le coke incandescent, lesquels viennent se mêler aux premiers dans la cornue, et réagir sur eux. L'intervention de la vapeur d'eau rendant compte de l'accroissement de la production gazeuze dans le procédé White, il n'y a pas de raison d'admettre qu'elle ne produise pas un effet analogue dans le procédé Leprince.

Nous n'avons pas à revenir ici sur l'énorme différence qu'il y a entre les volumes de gaz obtenus par le procédé White et le procédé Leprince; la cause en ayant été expliquée précédemment. Ce qui est hors de doute c'est que l'emploi du procédé Leprince fournit un gaz jouissant d'un pouvoir éclairant notablement supérieur à celui du gaz ordinaire de houille;

et il est à-peu-près certain qu'il permet aussi de re-
tirer un plus grand volume de ce gaz d'un même
poids de charbon.

J'ai cru devoir comparer une seconde fois le pouvoir
éclairant du gaz Leprince avec celui d'un gaz de
houille de bonne qualité, et j'ai choisi à cet effet le
gaz de la Société anglaise à Rotterdam. La détermination du pouvoir éclairant et de la consommation a
été faite à l'aide du même photomètre, de la même
bougie, du même bec et du même compteur. Le résultat moyen à été:

Pression 0^m,012 d'eau.

Consommation . . . . 203 litres.
Pouvoir éclairant . . . . 15½ bougies.
Soit pour 100 litres . . . . 6,6 bougies.

Le gaz, analysé par la méthode décrite, a montré
la composition suivante:

Hydrocarbures . . . . 8,88 p% $=$ 12,78 d'hydro-
Hydrogène proto-carboné . 54,65   gène bicarboné.
Hydrogène. 29,62
Oxyde de carbone . . . 5,82
Acide carbonique . . . 2,50
Azote 0,04
Pertes 0,49
                      ―――――
                      100,00.

1 volume d'hydrocarbures donnait 2,90 vol. d'acide
carbonique.

Pour ce qui concerne la proportion des hydrocarbures et leur teneur en vapeur de carbone, ce gaz se rapproche le plus du gaz Leprince de la Vieille-Montagne, quoique sous ce rapport aussi bien que sous celui du pouvoir éclairant, il demeure encore un peu inférieur à ce dernier gaz. La Société anglaise de Rotterdam fait habituellement usage de charbon de New-Castle, lequel donne un gaz beaucoup plus éclairant que le charbon de Marihaye, traité de la même manière. Si malgré cette supériorité incontestable de la matière première, l'usine de la Société anglaise ne fournit qu'un gaz inférieur en pouvoir éclairant au gaz Leprince obtenu avec la houille de Marihaye, on peut en conclure hardiment que le procédé Leprince mérite la préférence sur la méthode ordinaire.

LEIDE. — IMPRIMERIE DE A. W. SYTHOFF.